W0307465

MELANIE ÖHLENBACH

COOLE ERNTE

Balkongärtnern im Winter

KOSMOS

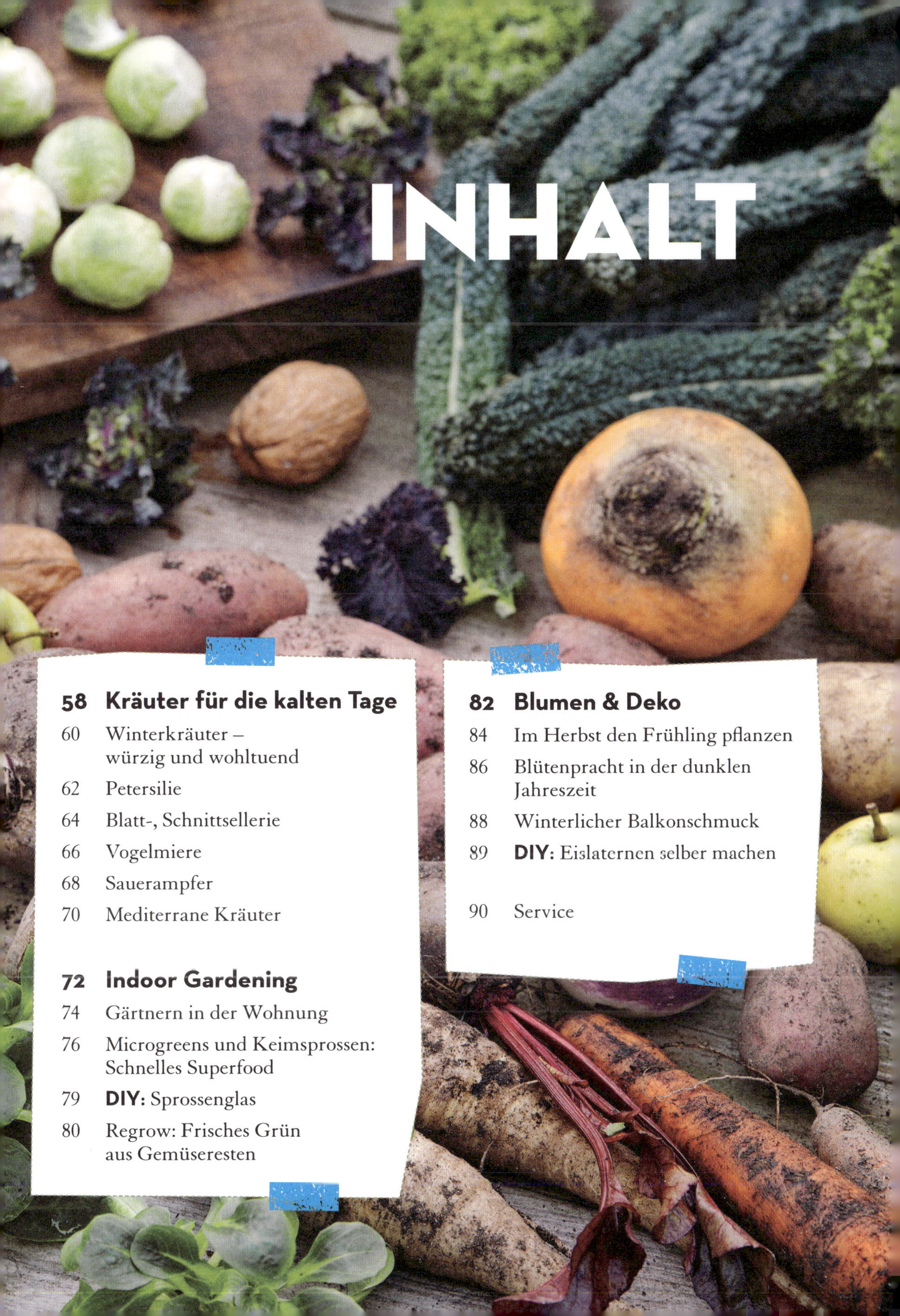

INHALT

PRAXIS WINTER-BALKON

Willkommen zur zweiten Ernte!

Auf dem Balkon Gemüse statt Blumen anzubauen, ist eher ungewöhnlich – und dann auch noch im Herbst und Winter? Tatsächlich gedeiht überraschend viel in Kisten und Kübeln, gerade in der Stadt.

1

Die Sommerblumen sind verblüht, die letzten reifen Tomaten geerntet. Die Abende sind eher frisch als lau: Wenn der Sommer sich verabschiedet, folgen ihm viele Balkone in den Winterschlaf. In meiner Nachbarschaft beobachte ich Jahr für Jahr, wie Kübel und Blumenkästen nach und nach verwaisen. Ist ein Balkongarten nur eine Liebe für eine Saison? Ich finde: Nein. Gerade im Herbst und Winter können wir uns mit leckerem Gemüse und Kräutern aus eigenem Anbau versorgen – saisonal und frisch!

MANCHE MÖGEN'S KÜHL

Feldsalat und Grünkohl macht Kälte nichts aus. Sie gehören nicht ohne Grund zu den traditionellen Wintergemüsen. Winterpostelein – manche kennen ihn auch als Winterportulak – und Winterkresse tragen ihre Saison sogar im Namen. Viele Balkongarten-Klassiker kommen ebenfalls gut mit den Bedingungen in der zweiten Jahreshälfte zurecht, auch wenn sie tendenziell durch die kürzer werdenden Tage langsamer wachsen. Radieschen, Salate und Spinat beispielsweise leiden im Herbst weniger unter Trockenstress und gehen nicht so schnell in Blüte. Rauke und Asia-Salate schmecken jetzt zart und mild, Möhren und Kohlrabi sogar süßlich. Allein bei den Kräutern müssen wir Abstriche machen: Sie entwickeln durch das abnehmende Sonnenlicht weniger Aroma.

GEMÜSE AUF KURZEM WEG

Sicherlich, selbst ein großer Balkongarten reicht nicht für eine komplette Selbstversorgung. Doch jeder Salat, den wir auf dem Balkon ernten, muss nicht in einem beheizten Gewächshaus gezogen, transportiert und gelagert werden. Das spart Energie und CO_2. Zudem haben wir mit selbst angebauten Arten die Chance, unseren Teller mit ungewöhnlichen und aromatischen Lebensmitteln zu füllen, die es selten zu kaufen gibt: Winterkresse,

2

1. Auf einem geschützten Balkon kannst du das ganze Jahr hindurch ernten. Viele Kräuter und Gemüse gedeihen in Kisten, Balkonkästen und Töpfen.

2. Herbst und Winter sind ideal für grüne Blattgemüse wie Salat. Ihnen bekommen gemäßigte Temperaturen besser als sommerliche Hitze.

FROSTHÄRTE VON GEMÜSE UND KRÄUTERN

WINTERTEMPERATUREN	PFLANZENART
Leichter Frost: 0 bis −5 °C	Blattzichorien, Dicke Bohne, Endivien, Herbstrüben, Kohlrabi, Radieschen, Rote Bete (Blatt), Rucola, Salate
Mäßiger Frost: bis −10 °C	Asia-Salate, Erbsensprosse, Gartenkresse, Mangold, Möhre, Rosmarin, Salat, Salbei, Spinat, Wilde Rauke
Starker Frost: bis −15 °C	Barbarakraut, Feldsalat, Grünkohl, Hirschhornwegerich, Lauchzwiebel, Oregano, Petersilie, Sauerampfer, Schnittlauch, Schnittsellerie, Thymian, Vogelmiere, Winterpostelein

Im Winter zu gärtnern heißt nicht, dass wir in dieser Zeit säen oder pflanzen. Gemüse und Kräuter sollten ab Sommer, spätestens im Herbst in den Balkongarten einziehen, damit sie genug Zeit, Licht und Wärme zum Wachsen haben. Mehr dazu ab Seite 14.

1

Hirschhornwegerich, Sedanina und Vogelmiere habe ich noch nie im Handel entdeckt. Freu dich also auf neue geschmackliche Erlebnisse, die Herbst und Winter zu bieten haben!

DER RICHTIGE STANDORT

Du hast erst im Laufe des Sommers das Balkongärtnern für dich entdeckt oder kannst – so wie ich – einfach nicht genug davon bekommen? Großartig, dann braucht es jetzt nur noch die richtigen Voraussetzungen für einen Herbst- und Winterbalkon.

Urbanes Mikroklima

In der kalten Jahreszeit auf einem Stadtbalkon Gemüse und Kräuter zu ziehen, hat einige Vorteile. Tendenziell ist es in der Stadt immer ein paar Grad wärmer als auf dem Land. Das liegt unter anderem daran, dass wir mit Verkehr, Industrieanlagen und unsere Wohnhäuser die Luft aufheizen. Auf unserem Balkon sorgen bauliche Besonderheiten für ein Mikroklima, das den grünen Mitbewohnern bestenfalls entgegenkommt. Bevor du loslegst, ist es klug, sich damit genauer befassen. Mein Balkon beispielsweise ist zu drei Seiten von Mauern umgeben und hat ein Kunststoffdach. Dies schützt die Pflanzen vor heftigem Regen und Stürmen, die in einer norddeutschen Großstadt im Herbst und Winter durchaus mal vorkommen. Zudem sammelt sich auf dem Balkon Wärme – wie in einem Gewächshaus. Wie sieht es auf deinem Balkon aus? Hat er ein Dach und schützende Vorsprünge oder gärtnerst du unter freiem Himmel? Ab Seite 10 erfährst du, wie du deinen Balkon mit einfachen Mitteln für den Winteranbau anpassen kannst.

Sonne, Sonne und nochmals Sonne

Mein geschützter Balkon hat aber nicht nur Vorteile. Eine Mauer etwa wirft Schatten und schränkt das Angebot an Licht ein. Im Sommer sind einige Pflanzen dafür dankbar. Doch im Winter steht die Sonne tief und lässt sich nur wenige Stunden blicken, da der Balkon nach Westen ausgerichtet ist. Ich muss also ganz genau darauf achten, wo ich Kisten und Kübel platziere: Gerade in der dunklen Jahreszeit brauchen Kräuter und Gemüse jeden Sonnenstrahl, damit sie wachsen und wenig Nitrat einlagern.

Nitrat ist eine natürliche Verbindung aus Stickstoff und Sauerstoff. Pflanzen wandeln es mithilfe von Sonnenlicht zu Proteinen um, die sie für ihre Zellen

1. Fast wie im Gewächshaus: Mein überdachter Balkon bietet ein geschütztes Mikroklima.

2. Frost macht Wintergemüse nichts aus – wenn es danach langsam auftauen darf.

WARME WINTER

Unsere Winter werden kürzer und milder. Mit einem Temperaturdurchschnitt von 1,8 °C war der Winter 2020/2021 in Deutschland der zehnte warme Winter in Folge, so der deutsche Wetterdienst. Auch in den meisten übrigen europäischen Ländern fiel der Winter in diesem Zeitraum extrem mild aus. Damit setzt sich eine bemerkenswerte Reihe fort: In Deutschland fallen sechs der zehn wärmsten Winter der Messgeschichte ins 21. Jahrhundert, in Österreich und der Schweiz sind es jeweils fünf.

und das Wachstum benötigen. Verwerten sie das Nitrat nicht, lagern sie es in ihren Wurzeln, Stängeln und Blättern ein. Für uns ist das möglicherweise ein Problem: Unser Körper kann Nitrat in Nitrit umwandeln, das den Sauerstofftransport behindert. Einige Nitrit-Verbindungen haben sich als krebserregend erwiesen. Laut dem Bundesamt für Risikobewertung sind Kohlrabi, Rote Bete, Radieschen und Rettich sowie Spinat, Blattsalate und insbesondere Rucola bedenklich. Für eine Winterernte sollte dein Balkon also möglichst nach Süden ausgerichtet sein, damit diese Gemüse möglichst viel direkte Sonne bekommen. Achte auch auf den Schatten, den umliegende Häuser oder Bäume werfen. Für den Anbau ist es ratsam, die genannten Gemüse nicht zusätzlich zu düngen und an sonnigen Tagen erst am Nachmittag zu ernten.

Regionale Unterschiede

Typischem Wintergemüse wie Grünkohl und Winterpostelein macht selbst starker Frost wenig aus. Bei anderen Arten sind es besondere Sorten, die besser mit den winterlichen Bedingungen zurechtkommen. In den Pflanzenporträts findest du dazu entsprechende Empfehlungen.
Wie viel Frost eine Pflanze verträgt, hängt letztlich von den Anbaubedingungen ab. Grundsätzlich gilt: Jüngere Pflanzen sind widerstandsfähiger als alte, gesunde robuster als kranke. Gemüse, die langsam gewachsen sind, halten sich besser als schnellgezogene Exemplare mit mastigen, weichen Trieben. Einige dieser Faktoren lassen sich über Aussaat-Zeitpunkt und Pflege steuern. Auf das regionale Klima und das Wetter jedoch haben wir keinen Einfluss. Große Temperaturschwankungen, ein plötzlicher, heftiger Wintereinbruch oder strenger, tagelanger Dauerfrost bringen selbst wintererprobte Gewächse an ihre Grenzen: Hat Eis die Zellen zerstört, ist die Pflanze tot. Berührung sagt man übrigens einen ähnlichen Effekt nach. Daher: Finger weg von gefrorenen Blättern! Mit etwas Glück erholen sich die erschlafften Stängel und Blätter nach dem Frost von allein, wenn sie langsam auftauen dürfen.

2

Gut gerüstet für den Winter

Gute Erde und passende Gefäße sind die Basis eines Balkongartens zu jeder Jahreszeit. Bei der Wintergärtnerei gewinnt der Winterschutz zusätzlich an Bedeutung.

NATÜRLICH NACHHALTIG

In Weidenkörben und Weinkisten lässt es sich prima gärtnern. Mit Jute oder Zeitungspapier ausgelegt rieselt die Erde nicht heraus.

In meinem Balkongarten habe ich kleine Töpfe durch große Kübel sowie Obst- und Weinkisten ersetzt. Sie bieten den Pflanzen mehr Wurzelraum und fassen mehr Erde, die langsamer austrocknet. Das beschert mir nicht nur im Sommer einen Gießvorteil, sondern erweist sich auch für die Wintergärtnerei als Glücksgriff: Größere Gefäße frieren nicht so schnell durch.

FROSTFESTE GEFÄSSE

Wie gut ein Gefäß gegen Kälte isoliert, hängt auch vom Material ab. Holz und Kunststoff sind hier im Vorteil. Metall hingegen kühlt schnell aus und heizt sich schnell auf. Solche Temperaturschwankungen bekommt nicht jeder Pflanze. Terrakotta-Ware sollte frostfest sein: Saugt sich der Topf mit Wasser voll oder dehnt sich gefrorene Erde aus, können die Gefäße bei Vereisung platzen.
Egal für welches Material du dich entscheidest: Gefäße brauchen unbedingt ein Abzugsloch und eine Drainage, zum Beispiel aus Blähton oder kleinen Kieseln. Sie sorgen dafür, dass sich das Wasser nicht in der Erde staut und die Wurzeln faulen oder erfrieren.

Isolierung für Töpfe und Kübel

Um die Wurzeln zusätzlich vor Kälte und Frost zu schützen, kannst du sie mit Noppenfolie oder Vlies aus Kunststoff umwickeln. Nachhaltiger sind Wollvliese, alte Decken, ein ausrangierter Flickenteppich oder ein Jutesack, der mit Zeitungspapier und Laub gefüllt ist.

FRÜHBEETKASTEN SELBER BAUEN

Ein Frühbeetkasten schützt das Wintergemüse vor zu viel Nass von oben. Mit handwerklichem Geschick kannst du einen einfachen, passenden Aufsatz für deine Kisten selbst bauen. Tipp: Lass dir das Material vor dem Kauf im Baumarkt passend zusägen.

1.

Für den Korpus werden Bretter (hier: Kiefer-Leimholz) verleimt und verschraubt. Die hintere Wand ist etwa 8 cm höher als die vordere: So fängt der Kasten am meisten Licht ein. Die Seitenwände sind entsprechend geschrägt. Das Holz kannst du imprägnieren, zum Beispiel mit Leinöl.

2.

Beim Deckel für den Frühbeetkasten setzen Profis auf Stegdoppelplatten aus Kunststoff. Sie sind leichter als Glas und brechen das Licht, damit die Pflanzen darunter nicht verbrennen. Die Platte kannst du mit Holzleisten fassen und verschrauben.

3.

Der fertige Deckel wird mit Scharnieren an der hinteren Seite des Korpus befestigt. Um ihn nur teilweise zu öffnen, kannst du eine Stützleiste anbringen. Mit Kugelketten lässt sich der Deckel zusätzlich sichern.

4.

Auf Kisten gesetzt, schützt der Aufsatz ab Herbst Asia-Salate, Radieschen und Erbsensprossen vor zu viel Nass. Im Frühjahr kannst du Aussaatschalen mit Spinat, Salat und Kohlrabi hineinstellen. **Wichtig:** Stelle den fertigen Frühbeetkasten so auf, dass die vordere Seite möglichst nach Süden ausgerichtet ist

Kübelerde kannst du selber mischen aus jeweils einem Drittel Garten- oder gebrauchter Balkonerde, feinem (Wurm-) Kompost und Holzfasern wie Rindenhumus oder Kokos.

FÜR DIE KLEINEN

Für die Aussaat und Anzucht von Jungpflanzen empfiehlt sich eine torffreie Anzuchterde: Sie ist keimfrei und enthält weniger Nährstoffe als normales Substrat. Die Sämlinge werden dadurch angeregt, viele Wurzeln zu bilden.

SCHUTZ FÜRS GRÜN

Wintergemüse besitzt von Natur aus eine gewisse Frosthärte. Bei einigen empfiehlt es sich jedoch, sie vor zu viel Niederschlag, Wind und Kälte zu schützen. Achte immer darauf, dass die Abdeckungen gut befestigt sind und nicht davonwehen! Viele Balkon-Hochbeete werden mit einem passenden Frühbeetaufsatz angeboten. Im Handel gibt es Frühbeetkästen in verschiedenen Ausführungen. Mit handwerklichem Geschick kannst du auch selbst einen Aufsatz für Mini-Hochbeete oder Kisten bauen (siehe S. 11). Idealerweise lassen sie sich einfach lüften und sind so geneigt, dass Wasser abläuft und das Sonnenlicht optimal eingefangen wird.
Eine schnelle, kurzfristige Lösung: Kisten mit passend geschnittenen Hohlkammerstegplatten (Gewächshausplatten), einer Fensterscheibe oder durchsichtiger Folie abdecken.
Töpfe und kleine Kisten finden in einem Balkon-Gewächshaus oder Kräuterschrank Platz. Einzelne Pflanzen können wir mit Glasglocken (Cloches) schützen. Die Originale sind schön anzusehen, aber schwer und nicht gerade günstig. Billiger sind lichtdurchlässige Hauben aus Kunststoff. Als einfacher Schutz taugt die Haube eines Mini-Gewächshauses für die Fensterbank.

ERDE

Für den Winterbalkon brauchst du keine besondere Pflanzenerde. Blattgemüse und Kräuter kommen bestens mit torffreiem Substrat zurecht, selbst wenn darin schon andere Pflanzen wuchsen: Die meisten benötigen nur wenige Nährstoffe. Für mediterrane Kräuter kannst du frische Erde mit etwas Sand strecken, um sie mager und durchlässig zu machen. Allein Grünkohl benötigt zusätzlich organischen Dünger (siehe S. 20).
Mein Tipp: Fülle die Gefäße nicht komplett mit Erde. Der Gefäßrand schützt zarte Sämlinge und Jungpflanzen vor Wind.

2

1

3

1. Mit PET-Flaschen kannst du einzelne Pflanzen schützen. Den Boden aufschneiden und in die Erde stecken. Zum Lüften den Deckel abschrauben.

2. Lüften ist wichtig: Bei Sonnenschein verdunstet Feuchtigkeit aus der Erde und kondensiert in der Glashaube. Auch Wärme staut sich im Inneren.

3. Leichte Gartenvliese sind licht- und wasserdurchlässig. Dichte Vliese können vor Frost schützen, lassen Pflanzen aber kümmern.

UPCYCLING-IDEEN FÜR WINTER-SCHUTZELEMENTE

Nicht alles für den Winterschutz musst du kaufen: Kübel lassen sich mit alten Decken, Flickenteppichen oder Handtüchern umwickeln. Mit transparenten Küchenhauben, Plastikboxen, Salatschüsseln und großen Saftgläsern kannst du einzelne oder mehrere Pflanzen gezielt abdecken. Noch günstiger sind Gurken- und Marmeladengläser oder halbierte PET-Flaschen. Ein einfaches Frühbeet lässt sich aus einer ausrangierten Schublade bauen, mit Folie oder einer Scheibe aus Glas oder Plexiglas abgedeckt. Und Tannenzweige schützen die Pflanzen vor eisigem Wind.

Ab in die Kiste!

Wer im Winter ernten will, muss schon ab Sommer säen und pflanzen. Nur so haben Kräuter und Gemüse genügend Zeit und Licht, um groß und lecker zu werden.

SAMENKNÄUEL

Bei Rote Bete sind mehrere Samen zu einem Knäuel verbunden. Sämlinge, die du vereinzelt hast, kannst du verpflanzen oder als Keimsprossen verzehren.

Ab Juli/August noch mal beherzt zum Samentütchen zu greifen, klingt ungewöhnlich. Mein Balkongarten ist in diesen Monaten voll ergrünt. Aber es gibt auch Lücken, die erste Ernten hinterlassen haben: Dicke Bohnen, Radieschen und die Salate sind ausgezogen und lassen sich nun durch Herbst- und Wintergemüse ersetzen.

DIREKT AUSSÄEN

Komplett abgeerntete Kisten, Kübel und Balkonkästen erleichtern die Neubesetzung: Mulch, Pflanzenreste und große Wurzeln entfernen, je nach Bedarf noch etwas Pflanzen- und Komposterde einfüllen, einsäen – fertig. Einzelne Lücken kannst du mit vorgezogener Rote Bete, Pflücksalat oder Blattsellerie schließen (siehe S. 16). So entsteht fast von allein eine bunte Mischkultur.

Ganz wichtig für eine erfolgreiche Ernte im zweiten Halbjahr: Wähle für den Herbst- und Winteranbau geeignete, idealerweise frostharte Sorten aus und behalte die Kulturdauer der einzelnen Pflanzen im Blick. Grünkohl, Lauchzwiebeln und Möhren wachsen von Natur aus langsam und benötigen einen entsprechenden Vorsprung. Die Samen von Radieschen, Spinat und Asia-Salaten können hingegen problemlos noch im September in die Erde. Säe sie nicht komplett auf einmal, sondern in einem Abstand von zwei bis drei Wochen. So sind sie zu unterschiedlichen Zeitpunkten reif und du kannst fortlaufend eine größere Vielfalt genießen.

Für alle Balkongewächse gilt: Je später die Aussaat, desto langsamer entwickelt sich die Pflanze, da Licht und Wärme immer weiter abnehmen. Selbst die schnellen Gemüse wie Radieschen, Asia-Salate und Erbsensprossen brauchen dann länger, stellen das Wachstum ein oder überwintern gleich als Samenkorn.

PFLANZEN SELBER VORZIEHEN

Nicht jedes Kraut oder Gemüse gibt es als Jungpflanze im Handel. Gerade wenn du außergewöhnliche Sorten auf dem Balkon haben möchtest, lohnt es sich, sie selbst auf der Fensterbank vorzuziehen. So weißt du auch, wie deine Pflanzen aufgewachsen sind.

1.

Für die Anzucht nutze ich Töpfe, Kisten oder Verpackungen von Beeren, aus denen überschüssiges Wasser gut abfließt. Die Schalen mit torffreier Anzuchterde füllen und leicht andrücken.

2.

Je nach Gefäß und Saattiefe mit einem Stäbchen einzelne Löcher in die Erde bohren oder Reihen ziehen.

3.

Wie tief ein Samenkorn in die Erde kommt, steht auf der Verpackung. Als Faustregel gilt: Dunkelkeimende Samen mit etwa doppelt so viel Erde bedecken, wie sie dick sind. Brauchen die Samen Licht zum Keimen, nur oberflächlich andrücken oder leicht mit Substrat übersieben.

4.

Die Erde leicht anfeuchten. In den kommenden Wochen dürfen Samen und Sämlinge nicht austrocknen. Eine transparente Abdeckung hilft, die Luftfeuchtigkeit gleichmäßig hoch zu halten. Regelmäßiges Lüften nicht vergessen! Die Aussaaten beschriften und an einen hellen, warmen Ort stellen. Die meisten Pflanzen keimen bei 15 bis 20 °C. Je wärmer es ist, desto mehr Licht benötigen die Sämlinge. Stelle sie nach der Keimung etwas kühler, damit sie langsam, aber kräftig heranwachsen.

5.

Haben sich die ersten zwei Blätter nach den Keimblättern entwickelt, werden die kräftigsten Pflanzen pikiert: Halte sie an den Blättern fest und hebe die Wurzeln behutsam mit einem Stab aus der Erde. Die Pflänzchen in Töpfe mit frischer Pflanzenerde umsetzen und bis zur Auspflanzung weiterwachsen lassen. Davor schrittweise an die Außenbedingungen gewöhnen.

Schnelle Lückenfüller: Jungpflanzen aus der Gärtnerei.

Mit dem Salatherz über der Erde setzen.

VORTEIL JUNGPFLANZE

Direktaussaaten draußen können uns im Sommer vor Herausforderungen stellen. Wintergemüse und Kräuter in einem wohl temperierten Umfeld vorzuziehen und erst nach einigen Wochen auszupflanzen, ist daher oftmals eine gute Idee. So lassen sich Lücken schnell und problemlos schließen.
Jungpflanzen bringen einige Vorteile mit sich:

- Vogelsicher: Manche Vögel stibitzen gern Aussaaten und Sämlinge aus dem Kasten, wenn sie nicht mit einer feinmaschigen Gardine oder einem Netz geschützt sind.
- Wachstumsvorsprung: Jungpflanzen werden später gesetzt, die Sommerpflanzen bleiben entsprechend länger in Kübel und Topf stehen.
- Exklusiv: Beim Pikieren wählen wir die kräftigsten Exemplare aus.
- Lückenfüller: Mit Jungpflanzen lassen sich Lücken in einem bereits bepflanzten Gefäß gezielt schließen. Und um das Verziehen musst du dir ebenfalls keine Gedanken machen, wenn du sie gleich im richtigen Abstand setzt.
- Gut versorgt: Jungpflanzen haben ein stärker ausgebildetes Wurzelwerk als Sämlinge und nehmen darüber mehr Feuchtigkeit auf. Außerdem kannst du sie besser mulchen.
- Pflegeleicht: In offener Erde gedeiht so manches Pflänzlein, das dort eigentlich nicht wachsen soll. Schnellwachsende Exemplare überwuchern frische Aussaaten. Bei Jungpflanzen erkennst du, was du jäten musst.
- Geschenkte Freude: Du hast zu viele Pflanzen vorgezogen? Verschenke sie an andere begeisterte Balkongärtner*innen! Sie freuen sich bestimmt, wenn sie im Winter noch etwas ernten können.

Hast du keine Zeit oder keinen Platz, Gemüse und Kräuter selber vorzuziehen, kannst du sie in einer

DIREKTAUSSAAT ODER VORANZUCHT?

DIREKT AUSSÄEN

- Asia-Salate, Bremer Scheerkohl, Dicke Bohne, Erbse, Feldsalat, Herbstrüben, Möhren, Radieschen, Spinat, Vogelmiere, Winterkresse, Winterpostelein, Zwiebel

DIREKT AUSSÄEN ODER AUF DER FENSTERBANK VORZIEHEN

- Blattsalat, Blattsellerie, Grünkohl, Mangold, Petersilie, Rote Bete, Sauerampfer

VORZIEHEN

- Hirschhornwegerich, Kohlrabi, mediterrane Kräuter

Bio-Gärtnerei oder auf dem Wochenmarkt kaufen. Gerade bei mediterranen Kräutern wie Salbei, Rosmarin und Thymian, die in der Regel über Stecklinge vermehrt werden, ist dies empfehlenswert. Die Sortenauswahl ist nur leider oft begrenzt.

Richtig pflanzen

Jungpflanzen aus einer geschützten Kinderstube und mit wenig Freilanderfahrung kommen nicht immer sofort mit den Außenbedingungen zurecht. Besonders intensive Sonneneinstrahlung kann den Blättern schaden. Daher ist es ratsam, die Pflänzchen zunächst über mehrere Tage zu akklimatisieren – stundenweise, an einem hellen, geschützten Platz auf dem Balkon.
Kästen und Kübel sollten ein Loch im Boden haben, durch das überschüssiges Gießwasser abfließt. In nasser Erde faulen die Wurzeln und die Pflanze geht ein. Eine Drainageschicht aus Blähton sorgt für einen zusätzlichen Abzug und Durchlüftung. Die vorab ausreichend gewässerten Kräuter und Gemüse werden grundsätzlich genauso tief gesetzt, wie sie zuvor in der Erde standen. Nur Pflücksalate und Kohlrabi etwas höher einsetzen. Achte auf ausreichend Abstand zwischen den Pflanzen. Stehen sie zu eng, konkurrieren sie um Licht und Wurzelraum. Außerdem trocknen die Blätter schlechter ab und die Pflanzen können krank werden.

Fruchtwechsel

Immer nur dasselbe anzubauen, ist auf Dauer langweilig. Es laugt zudem die Erde aus und ruft Krankheiten und unerwünschte Mitesser auf den Plan. Abwechslung im Balkonkasten und Kübel kommt also nicht nur uns, sondern auch den Pflanzen zugute. Beim Fruchtwechsel kommt es darauf an, die Pflanzenfamilien abzuwechseln. In den Porträts ist daher immer die Pflanzenfamilie angegeben.

MULCH ALS SCHÜTZENDE DECKE

Die Erde mit organischem Material zu bedecken, ist in mehrerlei Hinsicht clever: Mulch schützt vor Kälte, Pilzkrankheiten und Frosttrocknis. Im Handel gibt es Matten aus Kokos und Jutefilz, sogar passend zugeschnitten für Kübel. Laub, Heu, Stroh, Zeitung oder Karton eignen sich ebenso.

Dicke Bohnen sind eine schöne und nützliche Nachfrucht, selbst wenn wir sie nicht ernten: Sie reichern die Erde mit Stickstoff an.

Von der Pflege bis zur Ernte

Ganz ohne Zuwendung kommt ein Balkon im Herbst und Winter nicht aus. Doch je weiter das Jahr fortschreitet, desto entspannter kannst du dich auf die Ernte freuen.

Herbst- und Wintergemüse erweisen sich in vielerlei Hinsicht als pflegeleicht. Das liegt nicht nur an den Pflanzen selbst, sondern auch an den Bedingungen: Nach dem Spätsommer werden die Tage kühler und feuchter.

GIESSEN

Ohne Wasser überleben Gemüse und Kräuter nicht lange. Frische Aussaaten und Pflanzungen müssen in der Anfangszeit gut feucht gehalten werden. Ab Herbst reduziert sich der Gießaufwand erheblich. Lass dich aber von einer trockenen Oberfläche nicht täuschen! Zuverlässiger ist es, den Zeigefinger in die Erde zu stecken und zu fühlen, wie feucht sie ist. Gieße bei Bedarf mäßig mit zimmerwarmen Wasser, ohne Tülle und nicht über die Blätter – das verhindert auch Krankheiten.
Sobald es kalt wird, gilt: Nur an frostfreien Tagen gießen, idealerweise am Vormittag. Gefriert das Wasser, kann das den Wurzeln schaden und Gefäße zum Platzen bringen. Können wir bei längerem Dauerfrost die Pflanzen nicht wässern, ist es möglich, dass sie vertrocknen (Frosttrocknis).

GRÜNDÜNGUNG EINSÄEN

Manches Gemüse besitzt die Fähigkeit, sich selbst mit Nährstoffen zu versorgen: Erbsen und Dicke Bohnen binden mithilfe von Knöllchenbakterien Stickstoff in der Erde, den sie zum Wachsen brauchen. Andere Arten lockern die Erde und schützen sie vor Gras, Moos und anderem Wildwuchs – so müssen wir im Frühjahr weniger jäten.

PFLANZEN FÜR GRÜNDÜNGUNG

- Baldriangewächse: Feldsalat
- Raublattgewächse: Phazelia
- Schmetterlingsblütler: Dicke Bohne, Bohne, Erbse, Klee
- Knöterichgewächse: Buchweizen
- Kreuzblütengewächse: Weißer Senf
- Korbblütler: Ringelblume, Sonnenblume, Studentenblume

1

2

1. Pilzkrankheiten wie Falscher Mehltau gedeihen bei feucht-kühlen Bedingungen.

2. Jute- oder Kaffeesäcke und Tannenzweige schützen Kübelpflanzen vor Frost.

DÜNGEN

Die meisten Herbst- und Wintergemüse sind sehr genügsam. Allein Grünkohl dankt es, wenn du ihm organischen Langzeitdünger wie Hornspäne, Klee- oder Schafwollpellets mit ins Pflanzloch gibst. Den übrigen Gewächsen reicht, was die Erde ihnen bietet – selbst wenn darin zuvor starkzehrende Tomaten standen. Sie zusätzlich mit Dünger zu versorgen, ist nicht notwendig. Im Gegenteil: Weiche, mastige Triebe sind frostempfindlich.

SCHÄDLINGEN UND KRANKHEITEN VORBEUGEN

Blattläuse sind in der zweiten Jahreshälfte kaum noch ein Problem. Dafür gibt es andere hungrige Tierchen, die sich insbesondere im Spätsommer über unser Angebot freuen. Feinmaschige Netze (bis 0,8 mm) schützen vor Erdflöhen, Kohlweißling, Möhrenfliege, Weißer Fliege und Zwiebelminierfliege. Auch Mischkulturen, Absammeln und tierische Gegenspieler wie Florfliegen helfen in einigen Fällen.
Ein besonderes Auge gilt es auf Pilzkrankheiten wie Falscher Mehltau und Grauschimmel zu legen. Sie überziehen Blattunterseiten und Pflanzenteile mit einem samtigen, weißen bis grauen Belag. Nässe und weiches Gewebe bietet ihnen optimale Voraussetzungen. Daher ist es grundsätzlich ratsam, Feldsalat, Asia-Salate und andere empfindliche Blattgemüse ab dem Spätherbst bei zu viel Regen abzudecken oder direkt in einem Frühbeetkasten anzubauen. Doch Vorsicht: Bei stehender, feuchter Luft können sich die Sporen in einem geschlossenen System besonders gut verbreiten und in kurzer Zeit eine ganze Ernte zunichtemachen. Lüfte daher ausreichend und gieße eher weniger als zu viel. Außerdem hilft es, die Pflanzen mit genügend Abstand zueinander setzen und zu mulchen. Entferne befallene Blätter so schnell wie möglich, damit Krankheiten sich nicht weiter ausbreiten.

VOR KÄLTE UND NÄSSE SCHÜTZEN

Mit leichtem Frost kommt Wintergemüse in der Regel gut zurecht, solange die Wurzeln gut geschützt sind. Eine Schneedecke wirkt wie eine Isolierung. Sie hält die Pflanzen warm und schützt sie vor dem Austrocknen. Gefährlich sind Kahlfröste, also extreme Kälte ohne diesen Schutz. Nähern sich die Temperaturen dem Gefrierpunkt, ist es ratsam, die Gefäße dicht an der Hauswand unterzustellen,

Untersetzer zu entfernen und mehrfach mit Isoliermaterial zu umwickeln. Bei strengem Frost können die Pflanzen kurzfristig im kühlen Treppenhaus übernachten. Entferne die Isolierung an sonnigen Tagen: So erwärmen sich Gefäße und Erde. Auf einem exponierten Balkon machen schneidendkalte Herbst- und Winterwinde den Gewächsen zu schaffen und trocknen die Erde aus. Abschirmen kannst du sie mit leichtem Wollvlies oder Tannenzweigen, die in die Erde gesteckt werden.
Nicht ganz so frostharte Gewächse wie Radieschen, Rucola und Kohlrabi können in einem Frühbeetkasten wachsen oder unter Hauben (siehe S. 12/13). Lauchzwiebeln, Erbsensprossen und Petersilie lassen sich so auch vor zu viel Herbstregen, Schneematsch und starkem Dauerfrost schützen. Lüfte die Aufsätze regelmäßig, insbesondere an sonnigen Tagen. So kann die Luft zirkulieren und die Hitze staut sich nicht.

RICHTIG ERNTEN

Frisch geerntet schmeckt das Wintergemüse am besten. Doch leider eignet sich nicht jeder Tag zum Schneiden und Pflücken. Bei trüber Witterung steigt der Nitratgehalt bei einigen Blatt- und Wurzelgemüsen (siehe S. 8). Ernte daher möglichst an sonnigen Tagen am späten Nachmittag. In eiskalten Zeiten ist es besser, die Pflanzen stehen zu lassen: Gefrorene Blätter werden matschig, wenn du sie berührst. Lass die Pflanzen erst einmal in Ruhe auftauen!

GUT GESCHÜTZT

- Gefäße an wind- und regengeschützte Hauswand stellen
- Untersetzer entfernen
- Holzbrett unterstellen
- mit isolierendem Material umwickeln
- Grün abdecken
- regelmäßig lüften
- an sonnigen Tagen Winterschutz entfernen

Frisches Gemüse Blatt für Blatt: Ernte nur so viel, wie du benötigst.

WINTER-GEMÜSE

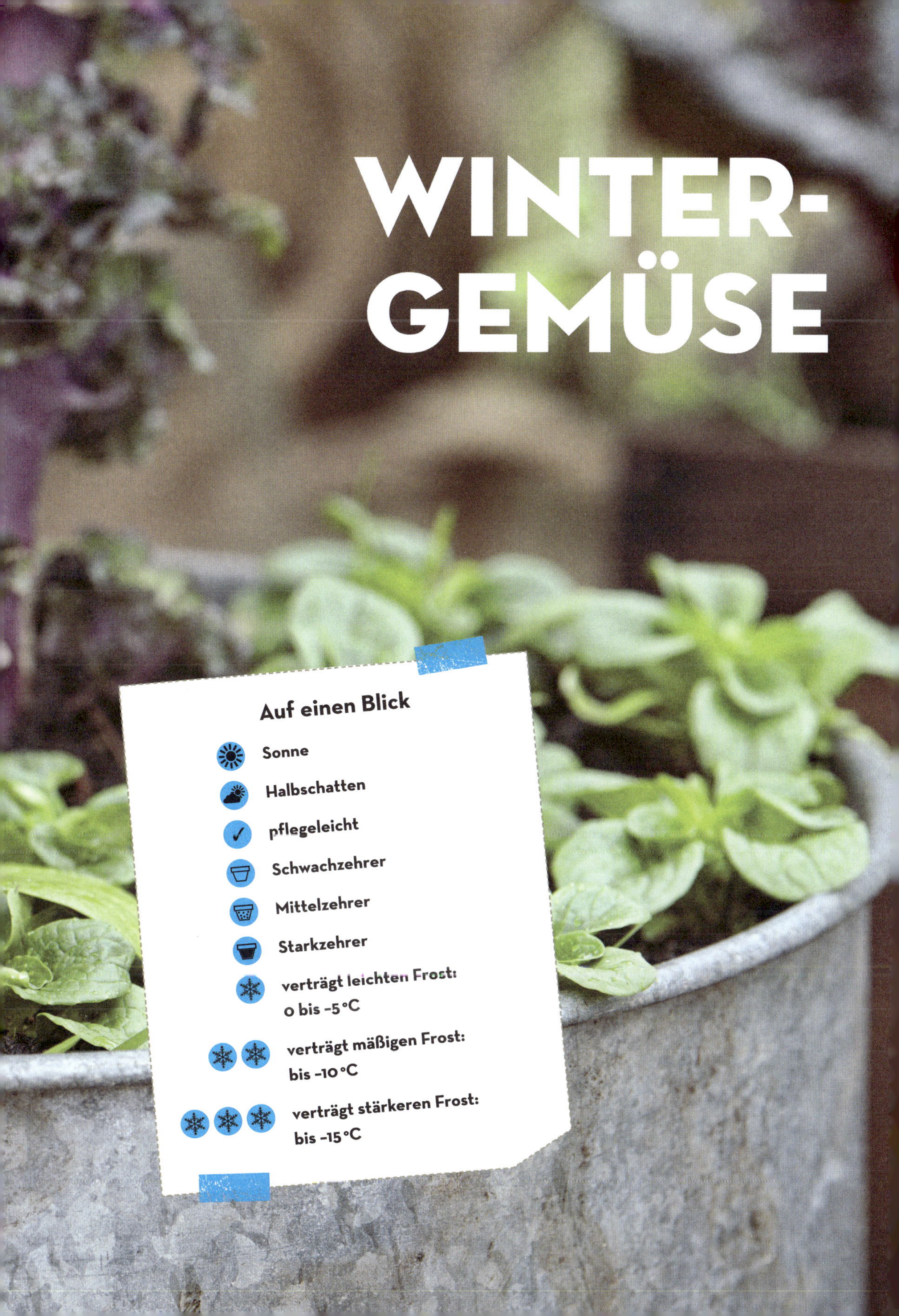

Auf einen Blick

- Sonne
- Halbschatten
- pflegeleicht
- Schwachzehrer
- Mittelzehrer
- Starkzehrer
- verträgt leichten Frost: 0 bis –5 °C
- verträgt mäßigen Frost: bis –10 °C
- verträgt stärkeren Frost: bis –15 °C

Winterkombinationen für Kisten und Kästen

Herbst und Winter sind die Zeiten der zarten grünen Blätter und saftigen Knollen. Spinat, Salat und Radieschen gedeihen bei milden Temperaturen besser als an heißen Sommertagen.

Im Herbst freue ich mich über die bunten Blätter – und die angenehmen Temperaturen. Einigen Pflanzen in meinem Balkongarten geht es ähnlich. Während im Sommer Fruchtgemüse wie Tomaten, Paprika und Zucchini jede Sonnenstunde feiern, haben empfindliche Blattgemüse in der Hitze kapituliert: Statt reichlich essbares Grün schossen Salat und Spinat und produzierten nur noch Blüten und Samen. Ab September jedoch bescheren sie uns eine reiche, zweite Ernte. Daher säe ich sie ganz gezielt in dieser Zeit aus.

UNGEWÖHNLICH UND VIELSEITIG

Die Welt der Herbst- und Wintergemüse ist aufregend vielseitig. Dank des norddeutschen Klimas und der überdachten, geschützten Lage kann ich mich fast den ganzen Winter hindurch auf kurzem Weg mit Gemüse versorgen, das es im Handel nur selten zu kaufen gibt: Winterpostelein und Herbstrübchen zum Beispiel. Oder Sedanina und weiß-rote Ringelbete. Selbst den Klassiker Kohl gibt es in überraschend vielen Varianten, die auf dem Balkon gedeihen. Wie wäre es mit violettfarbenem Kohlrabi, krausem Grünkohl oder mildem, schnellwachsenden Bremer Scheerkohl (siehe S. 50)? Ebenfalls zu den Kohlgewächsen gehören die Asia-Salate (siehe S. 30), die mit ihrem auffälligen Laub für eine bunte Mischung in Balkonkasten und Salatschüssel sorgen.

Italienische Salatwiese

Du magst es lieber weniger scharf? Dann probiere doch mal Misticanza!

BUNTE SALATMISCHUNG

Die italienische Misticanza zeichnet sich durch unterschiedliche Geschmacksrichtungen aus – von bitter über salzig bis hin zu scharf. Rote Blattsalate wie 'Amerikanischer Brauner' bringen herbstliche Farben in die Salatschüssel. Hänge oder stelle den Balkonkasten so, dass die Pflanzen möglichst viel direktes Sonnenlicht bekommen.

Den italienischen Mischsalat gibt es sogar als fertige Samenmischung zu kaufen. Sie besteht aus unterschiedlichen Pflücksalaten (siehe S. 36) wie Endivien-, Eichblatt- und Romanasalat, Rucola und Zichorien. Für das traditionelle Original darf Hirschhornwegerich (siehe S. 38) nicht fehlen.
Da die Salate nicht tief wurzeln, kannst du Misticanza in einer Schale oder einem Balkonkasten anbauen. In einen Kasten mit 80 cm Länge passen jeweils ein Blattsalat, eine Blattzichorie, ein Hirschhornwegerich, ein Endiviensalat sowie vier Rucola. Säe die eher langsamen Blattzichorien sowie die frostempfindlichen Endivien und Rucola bereits im August aus. Die anderen Pflanzen folgen dann bis Mitte September. Der Abstand zwischen den großen Pflanzen beträgt 10 bis 15 cm, zwischen den Rucola 5 cm. Die jungen roten und grünen Blätter werden als Babyleaf wie Pflücksalat geerntet.
Die einjährige Rucola *(Eruca sativa)* ist leider nicht frosthart. Alternativ empfiehlt sich die mehrjährige Wilde Rauke *(Diplotaxis tenuifolia)*. Sie ist jedoch schärfer im Geschmack und wächst ausladender. Für den Kasten reichen daher zwei Pflanzen aus.

MISCHKULTUR AUF DEM BALKON

Verschiedene Pflanzenarten in einem Gefäß anzubauen, ist grundsätzlich kein Problem. Vorausgesetzt, die Gewächse machen sich nicht Licht, Nährstoffe und Wasser streitig oder hindern sich gegenseitig im Wachstum. Für dieselben Krankheiten sollten sie ebenfalls nicht anfällig sein, da

1

2

sich diese sonst schnell ausbreiten. Manche Mischkulturen haben sogar einen positiven Effekt auf die einzelnen Pflanzen: Sie unterstützen sich zum Beispiel im Wachstum oder halten gegenseitig Schädlinge fern.

Winterliche Suppenkiste

Zu diesen erprobten Pflanzengemeinschaften gehören beispielsweise Möhren und Zwiebelgewächse (siehe S. 44, 52). Sie schützen sich gegenseitig vor Möhren- beziehungsweise Zwiebelfliegen. Für eine winterliche Suppenkiste ergänzen Blattsellerie (siehe S. 64) sowie Radieschen (siehe S. 48) die Pflanzen-WG. Die schnellwachsenden Knollen bleiben jedoch nur kurz, um die Aussaatreihen zu markie-

1. Suppe geht eigentlich immer, oder? Natürlich kannst du die winterliche Suppenkiste mit Möhren, Lauchzwiebeln und Blattsellerie auch im Frühjahr für deinen Sommerbalkon aussäen.

2. Frisch geerntet schmecken Spinat und Erbsensprossen besonders aromatisch. Platziere die Kiste mit der grünen Winterpower möglichst sonnig, damit der Spinat kein Nitrat einlagert.

ren. In einer 60 × 40 cm großen Kiste haben neben einem Blattsellerie noch etwa drei Lauchzwiebeln Platz. Pro Reihe kannst du vier Möhren und etwa doppelt so vielen Radieschen rechnen, wenn du diese eng säst und einzelne Exemplare schon vor Ausbildung der Knolle erntest. Am besten wählst du für die winterliche Suppenkiste eine Kiste aus, die Platz für drei Reihen bietet. Die Reihe mit den Lauchzwiebeln und dem Blattsellerie wird von zwei Möhren-Radieschen-Reihen flankiert.
Für Direktsaaten empfiehlt sich ein Starttermin im Juli. Mitte August kannst du noch loslegen, wenn du späte Möhrensorten wählst sowie Frühlingszwiebeln und Blattsellerie vorgezogen hast.

Grüne Winterpower

Spinat (siehe S. 40) und Erbsensprossen (siehe S. 56) gibt es frisch nur selten oder gar nicht zu kaufen. Sehr schade, gerade wenn man gern damit Grüne Smoothies zubereitet. Zum Glück lässt sich das gesunde Grün auf dem Balkon ziehen, sodass es uns problemlos in der kalten Jahreszeit versorgt. Da beide Gewächse schnell wachsen und schon im Jungstadium geerntet werden, ist eine Aussaat bis Oktober möglich – und das recht dicht: Der Spinat benötigt einen Abstand von 5 cm. Die Erbsen kannst du sogar alle 3 cm legen. In einen 80 cm langen Balkonkasten passen so insgesamt 14 Pflanzen. Alternative: Spinat und Erbsen nach stark zehrenden Tomaten in Kisten oder Kübel säen. Sie profitieren davon, dass die Erde nicht mehr so reich an Nährstoffen ist.

Hallo Herbst!

Feldsalat (siehe S. 28) gehört zu meinen liebsten Wintersalaten. Bereits im August ausgesät, läutet er mit frischer Rote Bete (siehe S. 43) die herbstliche Salatsaison ein. Ich liebe die Kombination mit Honig, Walnüssen und karamellisiertem Ziegenkäse. In eine 60 × 40 cm große Kiste passen drei Rote Bete in eine Reihe. Setze vorgezogene Pflanzen, wenn du die Knollen ernten möchtest.
Alternativ kannst du Rote-Bete-Blätter verwenden. Davor werden zwei Reihen Feldsalat eingesät. Versetzt und in einem Abstand von 6 cm gepflanzt, reicht der Platz für etwa zwölf Pflanzen. Clever ist es, dichter zu säen und nach und nach auszudünnen. Da die Roten Rüben keine starke Kälte vertragen, ist es ratsam, sie spätestens vor dem ersten Frost zu ernten.

Stelle die „Hallo Herbst!"-Kiste so auf, dass der Feldsalat sonnig steht. Die höher wachsende Rote Bete wirft dann aus der hinteren Reihe etwas Schatten.

Feldsalat

Feldsalat *(Valerianella locusta)* gehört zu den klassischen Wintersalaten. Zurecht! Er lässt sich unkompliziert anbauen und seine dunkelgrünen Blätter haben ein köstliches, nussiges Aroma.

Ackersalat, Nüsschen, Rapunzel, Vogerl- und Mausohrsalat: Feldsalat hat viele Namen. Bezeichnend sind unter anderem die dunkelgrünen, spatelförmigen Blätter und ihr fein-nussiges Aroma. Sie wachsen in Rosetten, je nach Sorte mit einem Durchmesser von bis zu 10 cm.

Auf kühlen, schattigen Balkonen gedeiht Feldsalat das ganze Jahr über. In der Regel bauen wir ihn jedoch erst in der zweiten Jahreshälfte an. Da das Geißblattgewächs mit keinem anderen Gemüse verwandt ist, gilt es als ideale Nachfrucht. Mit seinen feinen Wurzeln lockert es als Gründüngung die Erde.

Im Frühjahr schießen die Pflanzen und gehen ab April in Blüte. Mit seinen zahlreichen kleinen weißen Blüten ist Feldsalat ein hübscher, außergewöhnlicher Frühlingsblüher. Ich lasse ihn dann gern sich selbst aussäen. Ab dem Spätsommer gehen die Samen auf, wenn die Bedingungen für sie optimal sind.

Der Salat 'Ovired' ist auch als Roter Feldsalat bekannt. Tatsächlich handelt es sich dabei aber um einen winterlichen Romanasalat. Mit seinen rundlichen, kurzstieligen Blättern sieht er im Jungstadium aus wie Feldsalat.

AUSSAAT

Feldsalat kannst du ab Mitte August vorziehen oder direkt in leere Kisten und Balkonkästen säen. Je später die Aussaat, desto geschützter und sonniger sollte der Standort sein. Bedecke die Samen mit 1 bis 2 cm Erde und halte sie gleichmäßig feucht. Grundsätzlich keimen sie nach etwa zwei Wochen. Ist es jedoch zu warm oder trocken, gehen die Samen schlecht auf. Bei Kälte überwintern Samen und Sämlinge. Säe mehrfach im Abstand von zwei Wochen aus, so kannst du über längere Zeit immer wieder frischen Feldsalat ernten.

Bei zu dichten Aussaaten ist es ratsam, die Jungpflanzen nach und nach auf einen Abstand von mindestens 5 cm zu vereinzeln. So können sich die Rosetten gesund entwickeln.

PFLEGE

Feldsalat ist ein tolles Gewächs, um dein Winterbalkon-Abenteuer zu starten. Grundsätzlich pflegeleicht und robust, machen ihm selbst Schnee und Frost nichts aus. Allein zu viel Feuchtigkeit ist problematisch. Sie macht die Pflanzen anfällig für Fäulnis, Grauschimmel und Mehltau. Gieße daher nur

1. Blühender Feldsalat ist ein hübscher Anblick im Frühling.

2. Feldsalat ist äußerst frosthart und kommt auch ohne Schutz durch eisige Nächte.

1

2

CHECKLISTE

- Familie: Geißblattgewächse
- Winter-Sorten: 'Elan', 'Holländischer Breitblättriger', 'Vit'
- Fruchtfolge: unproblematisch
- Aussaat: Mitte August bis November, Januar
- Erntezeit: nach 8 Wochen

bei Bedarf und eher sparsam. Für späte Aussaaten ist ein überdachter Anbau empfehlenswert. Regelmäßig lüften nicht vergessen!

ERNTE

Ganze Rosetten mit dem Messer direkt über der Erde abschneiden. Pflückst du bei großblättrigen Sorten wie 'Holländischer Breitblättriger' nur Außenblätter, wächst die Pflanze nach.

IN DER KÜCHE

Feldsalat esse ich am liebsten als frischen Salat, zusammen mit feingeraspelten Möhren, Sesam und Leinsaat, Olivenöl und selbstgemachtem Himbeeressig. Für grüne Smoothies und Pesto kannst du ihn ebenfalls verwenden – große Mengen lassen sich so schnell verarbeiten. In einem feuchten Geschirrtuch hält sich Feldsalat im Kühlschrank bis zu zwei Tage lang frisch.

Asia-Salate

Asia-Salate bringen Farbe und scharfe Aromen in unsere winterliche Salatschüssel. Ein Muss für alle, denen grüner Salat schlicht zu langweilig ist.

Lange Zeit waren Mizuna, Tatsoi und Co. bei uns nahezu unbekannt. Inzwischen wächst ihre Fan-Gemeinde: Asia-Salate sind leicht und schnell zu kultivieren, auf einem geschützten, eher kühlen Balkon sogar das ganze Jahr über. Asia-Salate bieten eine enorme Vielfalt. Weil ich mich nie so recht entscheiden kann, kaufe ich meist das Saatgut als fertigen Mix und lasse mich überraschen. Optisch vielseitig und eher scharf im Geschmack sind Blatt-Senfsorten *(Brassica juncea)*. Zu ihnen gehören die feingefiederten 'Feathergreen' und 'Golden Frills' ebenso wie 'Green in Snow', 'Green Wave' und 'Red Giant' mit großen, gezackten Blättern. Eher mild im Geschmack sind Rübsen *(Brassica rapa)* wie der Salatkohl 'Mizuna' mit seinen langen, schmalen, tief geschlitzten Blättern.

AUSSAAT

Botanisch gesehen sind Asia-Salate Kohlgewächse. Baue sie daher nicht in Erde an, in denen zuvor andere Kreuzblütler wie Radieschen, Kohlrabi oder Wilde Rauke wuchsen. Säe etwa 1 bis 2 cm tief aus und halte die Aussaat gleichmäßig feucht. Bei Temperaturen um 15 °C keimen die Samen nach wenigen Tagen. Dichte Aussaaten ausdünnen und das Grün verzehren. Eine zeitlich gestaffelte Aussaat ermöglicht eine kontinuierliche Ernte.

1

2

1. Der Chinesische Senfkohl Pak Choi ist ein tolles Wok-Gemüse.

2. Die Sorte 'Tatsoi' verträgt Schnee und Kälte besonders gut.

1

2

1. Die gezähnten Blätter des Blattsenfs 'Green in Snow' schmecken scharf.

2. Milder im Geschmack sind asiatische Salatkohlarten. Saatgutmischungen beinhalten beide Aromen.

PFLEGE

Asia-Salate sind pflegeleicht. Halte sie bis zum Spätherbst gleichmäßig feucht – sie werden es mit gesundem, üppigen Wachstum danken. Danach nur noch sparsam gießen und überdachen, da zu viel Nässe und Schnee den Pflanzen zu schaffen machen. Mit Frost bis –10 °C kommen sie hingegen gut zurecht.

ERNTE

Bei spätsommerlichen Aussaaten kannst du die ersten Blätter schon nach vier bis sechs Wochen als Babyleaf schneiden. Spätere Aussaaten brauchen etwas länger. Pflückst du nur die äußeren Blätter, ist eine mehrfache Ernte möglich.

IN DER KÜCHE

Ein Mix frischer Blätter mit etwas Sesamöl angemacht: Fertig ist ein gesunder Wintersalat! Wahlweise für Kräuterquark, grüne Smoothies, Bowl- und Wokgerichte sowie in Suppen verwenden.

CHECKLISTE

- Familie: Kreuzblütler
- Winter-Sorten: 'Feathergreen', 'Golden Frills', 'Green in Snow', 'Green Wave', 'Red Giant', 'Mizuna', 'Mizuna Deep Red'
- Fruchtfolge: nicht nach anderen Kreuzblütlern wie Radieschen, Mairübe und Kohlrabi.
- Aussaat: August bis Februar
- Erntezeit: ab 4 bis 6 Wochen

Winterpostelein, Winterportulak

Winterpostelein ist alles andere als zart besaitet. Extrem frosthart, genügsam und mehrfach erntbar ist das Salatpflänzchen ein idealer Vitaminlieferant in der kalten Jahreszeit.

Winterpostelein *(Claytonia perfoliata)* hat auf den Weg in unseren Winterbalkon eine halbe Weltreise hinter sich: Ursprünglich ist das Portulakgewächs in Nordamerika zu Hause. Hierzulande ist es bislang noch wenig verbreitet. Doch das wird sich sicherlich ändern. Die Pflanze mit den fleischigen, rautenförmigen Blättern punktet nämlich mit vielen Vorzügen – und brachte mich ursprünglich erst auf die Idee, meinen Balkongarten auch im Winter zu nutzen. Einmal aus dem Keimstadium heraus trotzt Winterportulak selbst zweistelligen Minusgraden – im Gegensatz zum frostempfindlichen Sommerportulak *(Portulaca oleracea)*. Die Blätter wachsen als Rosetten an etwa 15 cm langen Stängeln. Die weißen Blüten werden von tellerförmigen Blättern umschlossen, denen die Pflanze schließlich einen weiteren Namen verdankt: Gewöhnliches Tellerkraut.

AUSSAAT

Winterpostelein mag keine Hitze – das zeigt sich schon bei der Aussaat. Die Samen keimen nämlich erst bei Temperaturen unter 12 °C. Für die Voranzucht lässt sich die Keimhemmung aufheben, indem du die Anzuchtschale über Nacht in den Kühlschrank stellst. Winterportulak lässt sich direkt in Kübel, Kästen und Kisten aussäen. Bedecke die feinen schwarzen Samen mit etwa 0,5 cm Erde und halte sie leicht feucht. Dünne die Aussaaten auf etwa 10 cm Abstand aus. Späte Aussaaten überwintern. Einmal etabliert, sät sich Winterportulak zuverlässig von selbst aus, wenn du ihn nicht vor der Blüte erntest.

PFLEGE

Extrem frosthart, sehr genügsam und schnell wachsend: Winterpostelein ist für die kalte, karge Jahreszeit bestens gerüstet. Trotzdem sind die Pflanzen für ein Dach dankbar, das sie vor zu viel Nässe schützt. Die Erde immer leicht feucht halten.

ERNTE

Winterpostelein kannst du mehrfach ernten, wenn du das Herz in der Mitte stehen lässt. Schneide die Blätter samt Stiel ab. Die kleinen weißen Blüten sind ebenfalls essbar.

IN DER KÜCHE

Verwende die milden Blätter für frischen Salat, Kräuterquark und grüne Smoothies. Die langen Stängel übergieße ich mit kochendem Wasser: Fertig sind die grünen Spaghetti, lecker mit Pesto und Feta serviert. In einem feuchten Geschirrtuch hält sich die Ernte zwei bis drei Tage lang.

1

CHECKLISTE

- Familie: Portulakgewächse
- Fruchtfolge: nicht nach Sommerportulak
- Vorziehen / Aussaat: Ende August bis Anfang März
- Pflanzung: Mitte September bis März
- Erntezeit: nach 6 Wochen

2

1. Mit üppigen Blattrosetten bringt Winterportulak eine reiche Ernte.

2. Das tellerförmige Blatt bringt die unauffälligen Blüten zur Geltung.

3. Der mehrjährige Sibirische Portulak blüht nach dem Winter.

SIBIRISCHER PORTULAK

Du hast keine Lust, jedes Jahr Winterpostelein zu säen? Der Sibirische Portulak *(Montia sibirica)* ist mehrjährig - und immergrün. Ab April blüht er weiß oder hellrosafarben. Am besten gedeiht er an lichtärmeren Standorten.

3

Winterkresse, Barbarakraut

Als heimische Wildpflanze ist Winterkresse *(Barbarea vulgaris)* optimal an die hiesigen Begebenheiten angepasst – und trotzdem nahezu in Vergessenheit geraten.

Die zweijährige Pflanze gehört zur Familie der Kreuzblütler. Ihre Verwandtschaft mit Kohl, Kresse und Co. erkennst du nicht zuletzt an den kreuzförmigen, zitronengelben Blüten, die im zweiten Jahr erscheinen. Davor ist die Salatpflanze ein steter Lieferant an gesundem Grün: Lange Zeit wurde Winterkresse wegen ihres Vitamin-C-Gehaltes geschätzt. Genützt hat es ihr jedoch nicht viel. Heute ist das alte Heil- und Würzkraut nahezu aus unseren Gärten verschwunden. Eigentlich schade, denn die Wildpflanze ist äußerst genügsam und leichter zu kultivieren als die ähnlich schmeckende Brunnenkresse – vor allem auf dem Balkon.
Da die in Rosetten wachsenden, gefiederten Blätter noch um den Barbaratag am 4. Dezember geerntet werden können, ist die Pflanze auch als Barbarakraut bekannt.
Neben der Wildform *Barbarea vulgaris* gibt es Winterkresse als Kulturform. Die Samen des Frühlings-Barbarakrauts *(Barbarea verna)* werden übrigens genauso wie Senfkörner verwendet.

AUSSAAT
Winterkresse kannst du direkt in Kisten, Kübeln und Balkonkästen aussäen, in denen zuvor keine anderen Kreuzblütengewächse wie Kohlrabi, Radieschen oder Wilde Rauke wuchsen. Die Samen mit nur wenig Erde bedecken oder oberflächlich andrü-

CHECKLISTE

- Familie: Kreuzblütler
- Fruchtfolge: nicht nach Kreuzblütlern
- Aussaat: August bis Oktober
- Erntezeit: nach 10 Wochen

1. Wildgemüse im Topf: Barbarakraut ist ein pflegeleichter Grünlieferant.

2. Erntepause: Schneide die Blätter nicht mehr, wenn sich die zitronengelben Blüten öffnen.

1

2

cken, da sie neben Temperaturen zwischen 10 und 15 °C auch Licht zum Keimen brauchen. Halte die Samen und Keimlinge gleichmäßig feucht und vereinzele die Jungpflanzen auf einen Abstand von 10 bis 15 cm, damit sich die Blattrosetten schön entwickeln.

PFLEGE

Als Wildpflanze ist Winterkresse pflegeleicht und anspruchslos. Gieße die Jungpflanzen gleichmäßig, damit sie gut wachsen. Ältere Pflanzen bevorzugen ebenfalls eher feuchte Erde. Ein Dach über dem Kopf ist nicht unbedingt notwendig. Die Pflanze dankt es aber mit einer üppigeren Ernte.

ERNTE

Winterkresse kannst du komplett oder blattweise schneiden. Erntest du Blatt für Blatt, treiben die Rosetten immer wieder frisch aus und versorgen dich so den ganzen Winter hindurch mit frischem Grün.

WINTERKRESSE IM SOMMER

Barbarakraut kannst du das ganze Jahr auf dem Balkon anbauen. Ab März ausgesät, eignet es sich für die Sommerernte. Die Blätter schmecken allerdings schärfer, vor allem wenn du sie zu trocken hältst.

IN DER KÜCHE

Barbarakraut bereichert unsere Winterküche mit einem kresse-scharfen Aroma. Du kannst die dunkelgrünen Blätter als Gemüse dünsten oder frisch für Pesto, Salat, Kräuterquark oder einen Dip verwenden. Kleingeschnitten schmecken sie auch lecker auf dem Butterbrot. Eingeschlagen in ein feuchtes Geschirrtuch, halten sich die Blätter etwa zwei Tage im Kühlschrank.

Wintersalate

Salate können wir fast das ganze Jahr hindurch auf dem Balkon anbauen. Für den Winterbalkon bieten sich Sorten an, denen selbst eiskalte Temperaturen nichts ausmachen.

RUCOLA UND WILDE RAUKE

Die milde Salatrauke *(Eruca sativa)* und die scharfe Wilde Rauke *(Diplotaxis tenuifolia)* sind eine schnellwachsende, pflegeleichte Ergänzung deiner Herbst- und Winterküche. Biete ihnen einen möglichst sonnigen Platz und verwende sie sparsam, da sie viel Nitrat einlagern.

Heiße, trockene Sommertage sind für Blattsalate in meinem Balkongarten eine Herausforderung. Statt saftiges Grün zu produzieren, schlagen sie Alarm: Sie schießen und stecken ihre ganze Energie in Blüte und Samenproduktion. Im Herbst muss ich mir diese Sorgen nicht machen. Ab September wächst der Salat (fast) von allein. Die Auswahl an Salaten für die zweite Jahreszeit ist größer als gedacht. Denn nicht alle tragen wie 'Wintermarie' oder der Romana-Salat 'Winter Gem' die kalte Jahreszeit prominent im Namen. Milde Kopf- und Pflücksalate *(Lactuca sativa)* wie 'Maiwunder', ' Humil', 'Lollo rossa' und 'Amerikanischer Brauner' beispielsweise bringen frische und herbstliche Farben in den Balkonkasten. Für eine bittere Note sorgen *Cichorium*-Sorten: Endivien wie 'Wallone' sowie Blattzichorien wie 'Grumolo Verde'.

AUSSAAT UND PFLANZUNG

Bei Salaten lohnt sich das Vorziehen, wenn du später Lücken im Balkonkasten oder in der Kiste schließen willst. Setze die Jungpflanze dann so an ihren endgültigen Platz, dass sie etwas höher steht als zuvor: Der Blattansatz sollte über der Erde bleiben. Bei einem abgeernteten Gefäß kannst du sie direkt in die Erde säen und nach und nach auf einen Abstand von 15 bis 20 cm verziehen. Die gezupften Pflänzchen eignen sich für Bowls und Dips.
Wann und wie ausgesät wird, hängt von Art und Sorte ab. Konkrete Infos findest du auf der Saatgutverpackung. Endivien und Blattzichorien haben eine längere Kulturdauer. Mit Temperaturen von

CHECKLISTE

- Familie: Korbblütler
- Winter-Sorten: 'Wintermarie', 'Maiwunder', 'Humil', 'Lollo rossa', 'Amerikanischer Brauner'; 'Wallone'; 'Grumolo Verde'
- Fruchtfolge: nicht nach Salaten und Sonnenblumen
- Aussaat: bis Mitte September
- Erntezeit: nach 6 Wochen

1

2

1. Sattes Grün an grauen Tagen: Romana-Salat 'Winter Gem'

2. Pflücksalate wie Rucola und roter Eichblattsalat wachsen problemlos im Balkonkasten.

mindestens 15 °C mögen sie es zu Beginn warm. Gartensalate hingegen können wir noch im September säen. Sie brauchen einen leichten Kältekick und Licht zum Keimen. Bedecke die Samen daher nur leicht mit Erde und stelle die Anzuchtschale in den ersten 12 Stunden kühl, mit Temperaturen um 10 °C. Die Aussaaten gut feucht halten, damit die Samen und Sämlinge nicht austrocknen. Sie keimen innerhalb von 14 Tagen.

PFLEGE

Salate sind pflegeleichte und anspruchslose Balkonbewohner. Ab Herbst solltest du die Pflanzen nur mäßig gießen, da sie sonst anfällig für Fäulnis und Pilzkrankheiten werden. Mulch und eine Überdachung sind nicht verkehrt. Gönne Salaten mit dem fortschreitenden Jahr möglichst viel direktes Sonnenlicht, damit sie gesund wachsen und kein Nitrat speichern. Nicht düngen! Je nach Sorte sind junge Gartensalate recht winterhart. Endivien und Blattzichorien vertragen erfahrungsgemäß nur leichten Frost, ernte sie daher rechtzeitig.

ERNTE

Schnellwachsende Salate sind nach etwa sechs Wochen reif für eine erste Ernte. Nutze dafür die Nachmittagsstunden an einem sonnigen Tag, damit die Pflanzen nicht so viel Nitrat eingelagert haben. Die Blätter dürfen zudem nicht gefroren sein. Ideal ist eine Ernte als Pflück- oder Schnittsalat, bei der die äußeren Blätter vorsichtig abgebrochen oder -geschnitten werden. Bleiben die inneren Herzblätter unversehrt, wächst der Salat nach und du kannst mehrmals ernten.

IN DER KÜCHE

Salat ist eine wundervolle Basis für frische Rohkost – kombiniert mit Hirschhornwegerich als italienische Misticanza oder als bunte Mischung mit geraspelten Möhren, Radieschen, Frühlingszwiebeln und Microgreens. Darüber hinaus eignen sich die jungen, zarten Blätter für Smoothies und Bowls. Die bitteren Endivien und Blattzichorien lassen sich auch als Gemüsebeilage dünsten. Verwende Salat rasch nach der Ernte, da er schnell welkt.

Hirschhornwegerich

Hirschhornwegerich ist ein idealer Kandidat für den winterlichen Balkonkasten. In Italien als Salatkraut geschätzt, ist die alte Gemüsepflanze bei uns nahezu unbekannt.

Sternkraut, Krähenfuß, Kapuzinerbart, Hirschhornwegerich: Allein schon wegen seiner wunderschönen, bildhaften Namen hat *Plantago coronopus* einen Platz im winterlichen Balkongarten verdient. Seine schmalen, bis zu 20 cm langen, in Rosetten wachsenden Blätter laden mit ihrem tief geschlitzten Rand zu fantasievollen Vergleichen geradezu ein! Vielseitig in der Küche verwendbar, wird das mehrjährige Salatkraut bei uns dennoch nicht oft kultiviert. In Italien immerhin ist es als Erba Stella Teil der traditionellen Salatmischung Misticanza. An den Mittelmeerküsten wächst Hirschhornwegerich wild: Salzhaltige Böden machen ihm nichts aus. Im Sommer blüht das mehrjährige Wildkraut, das mit dem Spitzwegerich verwandt ist, an langen Ähren.

AUSSAAT UND PFLANZUNG

Hirschhornwegerich ist ideal für den Balkonkasten oder Töpfe: Die eher aufrecht wachsenden Blätter lassen sich leicht ernten. Eine Aussaat ist ab April möglich. Für die Winterernte kannst du ab September direkt aussäen, etwa 1 bis 2 cm tief. Bei Temperaturen ab 15 °C keimen die Samen innerhalb von zwei Wochen. Halte die Aussaaten und Jungpflanzen in der Anfangszeit eher feucht.
Aufgrund der sehr feinen Samen kann die Direktaussaat recht kniffelig sein. Mische die feinen Samen mit Sand, so lassen sie sich leichter aussäen und die Pflanzen wachsen nicht zu dicht. Oder du ziehst die Pflanzen ab Mitte August vor und setzt sie gezielt bis Ende Oktober. Ideal ist ein Pflanzabstand von 15 bis 20 cm. Einmal etabliert, musst du dich eigentlich nicht mehr um die Vermehrung kümmern. Hirschhornwegerich sät sich von selbst aus und vagabundiert durch den Balkongarten.

PFLEGE

Als Wildkraut ist Hirschhornwegerich ein anspruchsloses und robustes Gewächs. Düngen ist nicht notwendig. Die Erde an warmen Herbsttagen feucht zu halten ist ratsam, damit die Blätter schön zart bleiben. Mulchen hilft dabei ebenfalls. In einem Frühbeetkasten gedeiht die Salatpflanze den

Vielseitige Wildpflanze: Hirschhornwegerich

CHECKLISTE

- Familie: Wegerichgewächse
- Fruchtfolge: unproblematisch
- Voranzucht und Aussaat: August bis Oktober
- Pflanzung: September/ Oktober
- Erntezeit: nach 8 Wochen

Winter hindurch. So ist sie vor zu viel Nässe geschützt. Frost hingegen macht der Wildpflanze nichts aus.

ERNTE

Der erste Hirschhornwegerich ist etwa acht Wochen nach der Aussaat erntereif – und danach immer wieder, wenn der Winter mild ist. Wichtig: Pflücke immer die äußeren Blätter oder schneide sie oberhalb des Herzens ab. Bleiben die inneren Blätter unverletzt, wächst die Pflanze zuverlässig nach. Lass die Blätter jedoch nicht länger als 10 cm werden, als Babyleaf sind sie roh ein Genuss.

IN DER KÜCHE

Die Blätter haben ein leicht säuerliches, nussig-salziges Aroma. Junge Blätter eignen sich für Salate, grüne Smoothies, Kräuterquark und Pesto. Ältere Blätter kannst du für Aufläufe, Omelette und Pasta-Füllungen verwenden, in Öl braten, dünsten oder blanchieren. Für grüne Spaghetti ein bis zwei Minuten in Salzwasser garen.

ROH UND ZART

Junges Grün kannst du mit Olivenöl servieren und pur genießen oder mit anderen Wintersalaten mischen.

Spinat

Wenn sich der Sommer dem Ende zuneigt, bricht die Spinat-Zeit an. Seine dunkelgrünen Blätter wachsen sogar im Winter und versorgen uns bis zum Frühling mit gesundem Grün.

Dass Echter Spinat *(Spinacia oleracea)* nur durch einen Fehler zum Eisen-Lieferanten schlechthin wurde, hat sich inzwischen hinlänglich herumgesprochen. Gesund ist das Gänsefußgewächs mit den fleischigen, bis zu 30 cm langen, dunkelgrünen Blättern trotzdem, wenn es an einem möglichst sonnigen Standort wachsen darf. Herbst und Winter sind seine Zeit, denn mit Trockenheit und Hitze kommt Spinat nicht gut zurecht. In milden Regionen lässt er sich durchgängig bis zum Frühjahr ernten. Ausgewachsene Pflanzen trotzen dem Frost. Die Sorte 'Matador' ist der ovalblättrige Klassiker für den Anbau im Winter; 'Thorin' gilt als verbesserte Variante. Als besonders aromatisch gelten die pfeilförmigen Blätter des 'Winterriesen'. Die neue Sorte 'Butterflay' zeichnet sich durch schnellen Wuchs und ihre Resistenz gegenüber Mehltau aus.

AUSSAAT UND PFLANZUNG

Säe Spinat je nach Witterung ab Ende August aus, wenn es nicht mehr allzu heiß ist. Spinat keimt erfahrungsgemäß lieber bei niedrigen Temperaturen, ab 5 °C innerhalb von 14 Tagen. Je wärmer es wird, desto mehr Zeit lassen sich die Samen. Die großen Körner kannst du leicht einzeln aussäen. Lege sie etwa 3 cm tief und im Abstand von 5 cm, das spart Saatgut und das Ausdünnen. Halte die Erde immer gleichmäßig feucht. Vorgezogener Spinat lässt sich bis November pflanzen. Je nach Witterung überwintert er, ebenso wie späte Aussaaten. Im Februar kannst du für eine frühe Frühlingsernte säen.

PFLEGE

Spinat gehört zu den Mittelzehrern. Dünge ihn dennoch nicht, da er Nitrat einlagert. Wichtiger ist gleichmäßiges Gießen an warmen, trockenen Herbsttagen, damit die Blätter saftig bleiben und die Pflanze nicht in Blüte geht. Geschossener Spinat ist nicht mehr genießbar. Vereinzele größere Pflanzen auf einen Abstand von 10 cm – das schützt sie auch vor Falschem Mehltau. In einem Frühbeetkasten entwickeln sich die Pflanzen schnell. Ein Winterschutz ist allerdings nicht unbedingt notwendig.

ERNTE

Pflücke nur die äußeren Blätter oder schneide sie über dem Herz, damit die Blattrosette von innen nachtreibt. An sonnigen Tagen am Nachmittag ernten.

IN DER KÜCHE

Als Babyleaf ist Spinat eine Bereicherung für Wintersalate. Ich mag ihn gern als grünen Smoothie. Größere Blätter kannst du samt kleingeschnittener Stängel mit Zwiebeln dünsten oder für Aufläufe und Quiches verwenden.

CHECKLISTE

- Familie: Fuchsschwanzgewächse
- Winter-Sorten: 'Butterflay', 'Matador', 'Thorin', 'Winterriesen', 'Verdil'
- Fruchtfolge: nicht nach Gartenmelde, Mangold, Rote Bete
- Vorziehen / Aussaat: Ende August bis Oktober, Februar
- Pflanzung: bis November
- Erntezeit: nach 6 bis 8 Wochen

1. Spinat schiebt aus dem Herz junge Blätter nach.

2. Spinat mag es kühl · perfekt für eine Aussaat im Herbst!

1

VERWANDTSCHAFT FÜR DEN SOMMERBALKON

Neuseeländer Spinat *(Tetragonia tetragonioides)* ist ein wärmeliebendes Spinatgewächs, das nicht nur im Sommer eine reiche Ernte bringt. In milden Jahren habe ich ihn auf dem geschützten Balkon sogar noch im Dezember geerntet.

2

Mangold

Mit leuchtend bunten Blattstielen bringt Mangold *(Beta vulgaris)* Farbe in graue Herbst- und Wintertage. Bei guter Pflege liefert er unermüdlich frisches Grün – bis ins nächste Frühjahr hinein.

Ob Stiel- oder Blattmangold: Das Fuchsschwanzgewächs hat sich nicht nur im Sommer einen Platz auf dem Balkon verdient. Es liefert unermüdlich Blattgrün, auch über eine Saison hinaus. Die schmucken Stängel der Mischung 'Rainbow' sorgen gerade an Tagen mit wenig Sonnenschein für Lichtblicke. Als besonders wintertauglich gilt 'Jessica', eine italienische Sorte mit breitem, weißem Stiel und ledrigen, dunkelgrünen Blättern. Sie wird erst ab Mitte des Jahres gesät.

AUSSAAT UND PFLANZUNG

Bei Mangold lohnt sich eine Aussaat ab April. So versorgt er dich schon den ganzen Sommer hindurch. Alternativ kannst du ihn für die Winterente bis Mitte September aussäen, für Babyleaf sogar bis Mitte Oktober. Am besten ziehst du Pflanzen vor und setzt sie nach etwa vier Wochen an ihren endgültigen Platz. Säe 3 cm tief aus und halte die Aussaat gut feucht. Bei Temperaturen zwischen 15 und 20 °C keimen die Samen nach etwa einer Woche. Für Babyleaf solltest die Pflanzen auf 10 cm vereinzeln, ansonsten sollten in einem Topf nicht mehr als eine Pflanze und in einer Kiste nicht mehr als zwei stehen.

1

2

1. Welcher Mangold darf es sein? Eher elegant mit weißem Stiel …

2. … oder lieber kunterbunt? Das Auge isst schließlich mit.

1

1. Ein Potpourri für den Winter: Leichter Frost macht Mangold nichts aus.

2. Rote Bete ist eng mit Mangold verwandt. Säe sie bis Mitte Juli etwa 2 cm tief aus und vereinzele sie auf 10 cm Abstand. Ernte die Knollen spätestens vor dem ersten Frost. Für die Blatternte kannst du sie bis September im Balkonkasten aussäen.

2

PFLEGE

Mangold ist unkompliziert, will an warmen, trockenen Herbsttagen aber regelmäßig gegossen werden. Ab Spätherbst kann er ein Dach über den Kopf gebrauchen, gerade an windigen und nassen Standorten. Er ist recht frosthart (bis –10 °C), mit einem leichten Wollvlies kommt er auf exponierten Balkonen noch besser durch eiskalte Nächte. Nehmen die Blätter Schaden, treibt er zum Frühjahr wieder aus.

ERNTE

Schneide oder breche die äußeren Blätter ab, wenn sie mindestens handhoch sind. Die Pflanze schiebt aus dem Inneren frisches Grün nach. Ernte Mangold regelmäßig, bis er im Frühsommer zur Blüte auswächst.

IN DER KÜCHE

Nutze junge Blätter roh für Salat und Smoothies. Älteres Grün kannst du blanchieren und wie Spinat verwenden. Die kleingeschnittenen Stiele ein paar Minuten vor den Blättern hinzugeben, damit sie rechtzeitig gar sind.

CHECKLISTE

- Familie: Fuchsschwanzgewächse
- Winter-Sorten: 'Jessica', 'Lucullus', 'Rainbow'
- Fruchtfolge: nicht nach Gartenmelde, Spinat, Rote Bete
- Vorziehen / Aussaat: Mitte Juli bis September / Oktober
- Pflanzung: bis November
- Erntezeit: nach 8 Wochen

Möhre, Karotte

Frisch geerntete Möhren *(Daucus carota)* vom Balkon sind ein Genuss. Sie sind nicht nur knackig, sondern schmecken auch herrlich süß.

Möhren auf dem Balkon ziehen? Ja, sicher! Neben tief wurzelnden Sorten gibt es kegelförmige und runde Varianten, die sogar im Balkonkasten gedeihen. Beim Anbau ist jedoch etwas Ausdauer gefragt. Je nach Sorte dauert es mindestens acht bis 16 Wochen, bis die Wurzeln ihre volle Größe erreicht haben. Im Winter wachsen sie nicht mehr weiter. Achte bei der Sortenwahl daher auf die Kulturdauer. Die orangefarbene Mini-Möhre 'Caracas', die violettfarbene 'Gniff' und die champagnerfarbene 'Maruschka' benötigen zwischen 13 und 16 Wochen. Sie säst du für die Winterernte am besten schon im Juli aus. 'Duwicker' und 'Pariser Markt' sind nach etwa zehn Wochen erntereif und können noch bis Mitte August in die Erde. Spätere Aussaaten überwintern geschützt.

CHECKLISTE

- Familie: Doldenblütler
- Winter-Sorten: 'Caracas', 'Duwicker', 'Pariser Markt'; 'Gniff', 'Maruschka'
- Fruchtfolge: nicht nach Dill oder Petersilie
- Aussaat: Juli bis Mitte August
- Erntezeit: nach 8 bis 16 Wochen

AUSSAAT

Säe Möhren etwa 1 bis 2 cm tief in Reihen aus, in lockere, eher sandige Erde und im Abstand von 3 bis 5 cm. Bei Temperaturen zwischen 15 und 20 °C keimen die Samen nach etwa drei Wochen. Aussaaten gleichmäßig feucht halten. Für die optimale Entwicklung nach und nach auf 5 bis 8 cm Abstand ausdünnen: Ziehe sie am Grün vorsichtig aus der Erde. Wenn du Möhren mit schnellwachsenden Radieschen (siehe S. 48) aussäst, nutzt du den Platz optimal aus und markierst zugleich die Reihen fürs Jäten. Keine Sorge: Die Radieschen sind reif, bevor die Möhren so richtig in die Puschen gekommen sind.

1

2

1. Möhren ziehe ich erst aus der Erde, wenn ich sie brauche: So bleiben sie frisch. Das Grün abschneiden ab, damit es nicht vergammelt.

2. Möhren brauchen Platz nach unten, damit sie ihre volle Länge entfalten. Für die kurzen rundlichen 'Pariser Markt' oder auch 'Caracas' und 'Duwicker' reicht der Platz im Topf oder Balkonkasten.

PFLEGE

Einmal der Kinderstube entwachsen, sind Möhren recht pflegeleicht. Mildes Herbstwetter sagt ihnen ausgesprochen zu: Sie mögen es hell, aber nicht heiß. Die Erde darf während der Wachstumszeit allerdings nicht austrocknen. Gieße sie also gleichmäßig, damit die Rüben nicht platzen, und mulche sie leicht – so musst du auch weniger jäten. Als ideal gilt eine Mischkultur mit Zwiebeln (siehe S. 52), um die Möhrenfliege fernzuhalten. Ab dem Spätherbst schätzen Möhren ein Dach, das sie vor zu viel Nass von oben und eiskalten Temperaturen schützt. Die Rüben vertragen in der Regel zwar Kälte, bei Dauerfrost können sie jedoch reißen und faulen.

ERNTE

Ziehe die Wurzeln am grünen Laubansatz aus der Erde, wenn sie einen Durchmesser von 2 cm haben. Vor dem ersten Frost ernten oder gut isolieren, damit sie bei tiefen Temperaturen keinen Schaden nehmen. Nicht geerntete Möhren treiben ab dem neuen Jahr aus und tragen im Frühjahr weiße Doldenblüten. Die Samen kannst du im Sommer ernten oder stehen lassen, damit sich die Pflanze selbst aussät.

IN DER KÜCHE

Frisch gezogene Möhren kannst du roh genießen. Ich liebe sie grob geraspelt als Möhrensalat mit Apfel oder Orange, Leinsaat und Walnussöl. Und als Möhrenkuchen! Wenn dir gedünstetes Gemüse zu langweilig ist: Im Backofen geröstet und in der Pfanne gebraten kommt die karamellisierte Süße besonders gut zur Geltung. Zum Haltbarmachen einfrieren oder fermentieren, solo oder mit Weißkraut für köstliches Sauerkraut.

Mai- und Herbstrübe

Mairübe im Winter? Richtig gelesen! Die schnellwachsenden Speiserüben eignen sich auch für den Anbau im spätherbstlichen Balkongarten.

Zugegeben, Speiserüben auf dem Balkon anbauen, das klingt nicht gerade sexy. Doch die alten Nutzpflanzen haben eine Chance verdient, nicht zuletzt wegen ihrer Vielseitigkeit – sowohl was Sortenauswahl als auch ihre Verwendung angeht.
Aber der Reihe nach: Mai- und Herbstrüben (*Brassica rapa* ssp. *rapa*) gehören zu den Kreuzblütlern. Und selbst wenn es unglaublich klingt, sie sind tatsächlich mit Asia-Salaten verwandt, die ebenfalls von den Rübsen abstammen. Je nachdem werden sie zum Mai oder Herbst hin angebaut, daher die beiden Namen. Mai- und Herbstrüben bilden kugelige, flachrunde oder lange, dünne Früchte aus. Bei der Sorte 'Snowball' sind sie reinweiß. Einen schicken violettfarbenen Kragen tragen die flache 'Di Milano a colletto viola' und die runde 'Blanc globe a collet violet'. 'Petrowski' und 'Golden Ball' sind orangegelb gefärbt. Wer es mit Goethe halten will, zieht 'Teltower Rübchen' in einer hohen Kiste oder einem Kübel. Der Dichter soll ein großer Fan der cremefarbenen Speiserübe gewesen sein.

AUSSAAT

Die zarten Speiserüben kommen mit hohen Temperaturen nur bedingt zurecht. Empfehlenswert ist daher eine Aussaat ab dem Spätsommer. Schnellwachsende Sorten kannst du bis Ende September aussäen, allerdings nicht nach Kreuzblütlern. Verlängere die Erntezeit, indem du nach zwei bzw. vier Wochen erneut aussäst.
Mairüben habe ich auch ohne Probleme im Balkonkasten gezogen. Kisten und Kübel bieten natürlich mehr Platz. Die Samen kommen etwa 1 bis 2 cm tief in lockere, sandige Erde. Lege sie im Abstand von 5 cm aus und halte die Aussaat feucht. Bei Temperaturen zwischen 3 und 20 °C keimen sie nach ein bis zwei Wochen.
Vereinzle die Jungpflanzen auf einen Abstand von 10 bis 15 cm. So haben die Rüben genug Platz, um sich gesund zu entwickeln.

PFLEGE

Speiserüben sind pflegeleicht und unkompliziert. Auch wenn sie zu den Mittelzehrern gehören: Etwas Dünger benötigen sie nur, wenn im Frühling und Sommer starkzehrende Pflanzen wie Tomaten die Erde komplett ausgelaugt haben. Ideal sind Erbsen und Bohnen als Vorkulturen, da sie als Leguminosen Stickstoff in der Erde binden.
Die fleischigen Speiserüben brauchen einiges an Wasser. Gerade an trockenen, heißen Spätsommertagen ist gleichmäßiges Gießen wichtig und Mulchen empfehlenswert. Ansonsten ist die Erde regelmäßig zu lockern. Eine gleichmäßig feuchte Erde

1

2

3

1. Herbst- und Mairüben gedeihen problemlos im Balkonkasten oder in Kisten.

2. Goethes Lieblinge: 'Teltower Rübchen' sind nach ihrem ursprünglichen Anbaugebiet in Brandenburg benannt.

3. Stielmus ist im Rheinland eine Delikatesse, das aus Speiserübenblättern zubereitet wird. Die Sorte 'Namenia' ist sogar komplett auf ihr feingefiedertes Grün hin gezüchtet worden. Das Blattstielgemüse lässt sich an einem geschützten Standort den ganzen Winter hindurch ernten.

CHECKLISTE

- Familie: Kreuzblütler
- Winter-Sorten: 'Blanc globe a collet violet', 'Di Milano a colletto viola', 'Golden Ball', 'Petrowski', 'Snowball', 'Teltower Rübchen'
- Fruchtfolge: nicht nach anderen Kreuzblütlern wie Radieschen, Asia-Salaten und Kohlrabi
- Aussaat: August bis Ende September
- Erntezeit: nach 8 Wochen

lässt die Rüben zart wachsen und soll späte Erdflöhe in Schach halten. Auf Falschen Mehltau achten!

ERNTE

Mai- und Herbstrüben sehen nicht nur aus wie große Radieschen. Sie wachsen auch ähnlich schnell. Acht Wochen nach der Aussaat sind die ersten Rüben in der Regel faustgroß und erntereif. Die Blätter kannst du davor schon schneiden. Aber nicht alle auf einmal, sonst wächst die Pflanze nicht mehr! Rübchen, die du beim Ausdünnen aus der Erde ziehst, lassen sich ebenfalls komplett verwenden. Ernte empfindliche Sorten am besten vor den ersten tiefen Minusgraden oder schütze sie entsprechend, da sie nicht sehr frosthart sind.

IN DER KÜCHE

Je nach Sorte haben Speiserüben einen leicht süßlichen, mehr oder weniger scharfen Geschmack, der mich an Rettich erinnert. Meist esse ich sie roh, geschält und in dünne Scheiben geschnitten, mit etwas Salz auf dem Butterbrot. Mitsamt ihrem Grün kannst du sie für Salat, Eintöpfe und Suppen verwenden sowie als Gemüse garen. Die Rüben zum Haltbarmachen milchsauer einlegen.

Radieschen

Radieschen (*Raphanus sativus* var. *sativus*) sind ein ideales Wintergemüse für Einsteiger. Sie wachsen schnell und lassen sich mit Blatt und Wurzel komplett verzehren.

Radieschen und ich – das war keine Liebe auf den ersten Blick. Mal waren sie scharf, mal holzig. Und oftmals wollten sie überhaupt keine Wurzel bilden, sondern gingen gleich in Blüte! Doch seit ich weiß, dass sie keine Trockenheit und Hitze mögen, nicht zu tief gesät werden wollen und ich zur Not auch Blätter und Blüten essen kann, mag ich sie nicht mehr im Balkongarten missen.
Typische runde, rote Knollen bilden 'Sora' und 'Cherry Belle' aus. Am liebsten baue ich aber ungewöhnliche Radieschen an. Zu meinen Favoriten gehören die walzenförmige, rot-weiße 'French Breakfast 2' oder 'Flamboyant'. Die gelbe 'Zlata' sieht auf den ersten Blick wie eine Mini-Möhre aus. 'Eiszapfen' bzw. 'Chandelle de Glace' passen perfekt ins winterliche Ambiente. Mit ihrer weißen, langen und spitz zulaufenden Knolle soll sie die Sorte sein, die am besten der Winterkälte trotzt.

AUSSAAT

Radieschen baue ich am liebsten im Balkonkasten an, versetzt in zwei Reihen. So bekommen sie genügend Licht und speichern kein Nitrat. Bei Temperaturen um 15 °C keimen die Samen nach einer Woche. Bei niedrigeren Temperaturen dauert es länger, bis sie aus der Erde schauen. Säe Radieschen direkt im Abstand von 3 cm in lockerer Erde aus, maximal 1 cm tief. Halte die Aussaat gut feucht. Die Pflanzen nach und nach auf mindestens 5 cm Abstand vereinzeln. Säe mehrfach im Abstand von zwei Wochen aus für eine lange Ernte. Ab Oktober überdacht anbauen.

PFLEGE

Radieschen mögen keine Trockenheit. Halte die Erde immer gut feucht, sonst werden sie holzig oder bilden keine Knolle aus. In regenreichen Monaten sind die Pflanzen vor zu viel Regen, im Spätherbst vor Frost zu schützen.

ERNTE

Radieschen kannst du an sonnigen Tagen in jedem Stadium ernten: Nicht nur die knackige, im Winter süßlich-milde Knolle ist essbar, sondern auch Keimlinge, Blätter, Blüten und sogar junge Samenschoten. Ziehe die Pflanze am Blattansatz vorsichtig aus der Erde, damit die anderen nicht in ihrer Entwicklung gestört werden.

1

2

1. Ernte Radieschen unmittelbar vor dem Verzehr, dann sind sie fest und knackig.

2. Radieschen säe ich bewusst dicht aus. Gejätete Exemplare verwende ich samt Wurzel und Laub für Salate oder Pesto.

IN DER KÜCHE

Der Klassiker: in Scheiben geschnitten mit etwas Salz auf dem Butterbrot. Mein aktueller Favorit: Komplette Radieschen kleinschneiden und mit einem Dressing aus körnigem Hüttenkäse, etwas Zitronensaft, Olivenöl und Pfeffer als Salat servieren. Schmeckt mit mehr Käse auch lecker als Aufstrich. Wenn ich davon genug habe, werde ich sie im Wok machen oder die Knollen milchsauer einlegen. Übrigens: Auch der nah verwandte Rettich gedeiht auf dem Winterbalkon. Wenn du nur auf die Blätter scharf bist, empfiehlt sich Blattrettich.

CHECKLISTE

- Familie: Kreuzblütler
- Winter-Sorten: 'Cherry Belle', 'Sora', 'Flamboyant', 'French Breakfast 2'; 'Zlata'; 'Eiszapfen';
- Fruchtfolge: nicht nach anderen Kreuzblütlern
- Aussaat: Ende August bis Ende Oktober, ab Januar
- Erntezeit: nach 6 Wochen

1

Grünkohl

In Norddeutschland gehört Grünkohl (*Brassica oleracea* var. *sabellica*) zu den traditionellen Blattkohlgemüsen. Seit seiner Ernennung zum Superfood wächst seine Fan-Gemeinde stetig auch über die Region hinaus.

In Süddeutschland aufgewachsen, habe ich Grünkohl erst nach meinem Umzug in den Norden Deutschlands kennengelernt. Es war Liebe auf den ersten Biss. Im Anbau geht man jedoch eine längere Beziehung ein: Das Kohlgewächs besetzt über Monate Kiste und Kübel. Doch die Mühe lohnt sich – gerade wenn du Grünkohl nicht frisch kaufen kannst. Mit seinen fein gekrausten Blättern ist er zudem eine schmucke Zierpflanze, über deren Frosthärte wir uns keine Gedanken machen müssen. Empfehlenswert sind Sorten wie 'Niedriger Grüner Krauser' und 'Vitessa'. Mit einer Höhe von maximal 70 cm gedeihen sie gut in großen Kübeln und Kisten. Für Farbe sorgen 'Red Russian Kale' mit lilafarbenen Stielen und 'Scarlet', deren Blätter sich mit sinkenden Temperaturen wunderschön violett-rot färben.

AUSSAAT UND PFLANZUNG

Um später einen stattlichen Grünkohl ernten zu können, solltest du ihn bis Anfang August gepflanzt haben, jedoch nicht nach anderen Kreuzblütlern. Zwei Pflanzen passen in eine Kiste, eine in den Topf. Jungpflanzen kannst du kaufen oder vorziehen: Säe dafür die Samen von Mai bis Mitte Juni etwa 1 cm tief aus. Bei Temperaturen zwischen 15 und 20 °C keimen sie innerhalb von zwei Wochen. Wenn du zu spät dran bist oder noch kein Platz frei ist: In milden Regionen lassen sich Direktaussaaten im Balkonkasten bis Anfang September (Abstand 3 bis 5 cm) nach ein paar Wochen als Babyleaf ernten.

PFLEGE

Grünkohl ist ein Starkzehrer. Gib ihm daher eine Portion Bio-Langzeitdünger mit ins Pflanzloch und dünge bei Bedarf mit Flüssigdünger nach. Die Erde regelmäßig lockern und gut feucht halten, gerade an heißen Spätsommertagen, und mulchen. Anhäufeln gibt der Pflanze Standfestigkeit. Auf Blattläuse, Erdflöhe, Kohlweißlingsraupen und Mehltau achten.

ERNTE

Grünkohl wird traditionell nach dem ersten Frost geerntet, da die Blätter dann zarter sind und mehr Zucker einlagern. Wenn du so lange nicht warten

CHECKLISTE

- Familie: Kreuzblütler
- Winter-Sorten: 'Niedriger Grüner Krauser', 'Vitessa'; 'Red Russian Kale', 'Scarlet'
- Fruchtfolge: nicht nach Kreuzblütlern
- Aussaat / Vorziehen: Mai bis Mitte Juni
- Pflanzung: bis Anfang August
- Erntezeit: nach 18 Wochen

2

3

magst: Ab Ende Oktober schneiden oder pflücken, einzeln und von unten nach oben. Mit etwas Glück treiben noch einmal frische Röschen nach. Die Blattrosette erst zum Schluss schneiden.

IN DER KÜCHE

Große, entstielte Blätter bereite ich gern im Wok oder im Backofen zu – als Grünkohl-Chips! Auch blanchiert, im Kartoffelauflauf und Omelette sowie zu Pasta passt Grünkohl gut, sogar als Pesto oder Sauce. Junge Blätter schmecken im grunen Smoothie, in Bowls und Salaten.

1. Grünkohl auf meinem Winterbalkon

2. Kohlrabi, der kugelige Verwandte des Grünkohls, bleibt bei milden Herbsttemperaturen ausgesprochen zart. Im August aussäen und nach etwa 12 Wochen ernten. Die jungen Blätter sind ebenfalls essbar. Die Knolle verträgt leichten Frost.

3. Bremer Scheerkohl *(Brassica napus)* ist ein milder Schnittkohl. Er wächst wesentlich schneller als Grünkohl und kann noch bis Oktober direkt gesät werden – sogar in den Balkonkasten! Bereits nach sechs Wochen ist er erntereif.

Lauch- und Winterheckenzwiebel

Dir fehlt die zwiebelige Note in deiner Winterküche? Lauch- und Winterheckenzwiebel sind ideale, weil nahezu unermüdliche Lieferanten.

Zwiebeln habe ich lange unterschätzt. Dabei verwende ich gerade die milden Lauchzwiebeln gern und häufig in der Küche. Die gekauften Exemplare halten sich jedoch nicht lange frisch – ein Grund mehr, sie auf dem Balkon anzubauen.
Mit ihrem weißen Schaft erinnern mich Lauchzwiebeln immer an Mini-Lauch. Allein die bis zu 40 cm langen Blätter, auch Schlotten genannt, sind nicht glatt, sondern röhrenförmig und innen hohl.
Botanisch gesehen werden Lauchzwiebeln grob in zwei Arten unterteilt: Jung geerntete Speisezwiebeln *(Allium cepa)* haben eine zwiebelige Verdickung. Gerade bleiben hingegen die Varianten der Winterheckenzwiebel *(Allium fistulosum)*, auch Sibirische Zwiebel genannt. Für eine dauerhafte Kultur ist sie sogar die bessere Wahl: Im großen Topf oder in der Kiste treibt sie jedes Jahr ab Februar frisch aus und versorgt dich vom Frühling bis zum Spätherbst – Jahr für Jahr.

AUSSAAT UND PFLANZUNG

Lauch- und Winterheckenzwiebeln kannst du direkt aussäen. Das erfordert aber einiges an Geduld und Fürsorge. Ziehe sie daher besser vor und pflanze sie nach etwa vier Wochen in lockere Erde. Die Winterheckenzwiebel gibt es auch als Jungpflanze im Handel. Einmal etabliert, sät sie sich sogar von selbst aus.
Willst du die einjährige Lauchzwiebel noch im Winter ernten, ist Ende Juli der letzte Aussaattermin. Die Samen der mehrjährigen Winterheckenzwiebeln müssen spätestens Ende Mai in die Erde. Säe sie etwa 1 bis 2 cm tief aus und halte sie gleichmäßig feucht. Zwiebelsamen keimen recht langsam, bei Temperaturen zwischen 15 und 20 °C dauert das etwa drei Wochen. Direkt gesäte Lauchzwiebeln solltest du später auf 3 bis 5 cm Abstand vereinzeln.

PFLEGE

Lauch- und Winterheckenzwiebeln sind pflegeleichte Gewächse. Gieße sie in der ersten Zeit und im Sommer regelmäßig, damit die Erde nicht austrocknet. Auch Mulchen ist empfehlenswert. Bei frischer Erde ist Düngen nicht unbedingt notwendig. Ab Oktober mit einer Haube schützen, da sie zu viel Nässe nicht vertragen. Bei Lauchzwiebeln macht sich Falscher Mehltau mit gelben Blattspit-

1

2

3

1. Ab Mai sind blühende Winterheckenzwiebeln eine tolle Bienenweide.

2. Frühlingszwiebeln direkt aus dem Kübel

3. Neben weißen Lauchzwiebeln gibt es auch Sorten mit rotem Schaft.

CHECKLISTE

- Familie: Amaryllisgewächse
- Winter-Sorten: 'Ischikrona', 'Ishikura long white'; 'Lange Rote'
- Fruchtfolge: nicht nach Zwiebelgewächsen
- Aussaat / Vorziehen: März bis August
- Pflanzen: April bis Juli
- Erntezeit: nach 16 Wochen

zen bemerkbar. Kleine rote Flecken wiederum deuten auf Rost hin: Befallene Blätter sind zu entfernen und im Restmüll zu entsorgen. Zum Schutz vor Zwiebelfliegen kannst du die Pflanzen mit einem Gemüsenetz schützen und in Mischkultur mit Möhren (siehe S. 44) pflanzen.
Die mehrjährige Winterheckenzwiebel wird im Laufe der Jahre immer breiter werden. Teile die Pflanze nach drei Jahren im Frühjahr, um sie zu verjüngen, und setze sie in frische Erde.

ERNTE

Winterhecken- und Lauchzwiebeln kannst du mehrfach ernten, wenn sie sich gut etabliert haben. Schneide das Grün erst, wenn es mindestens handhoch ist, und dann etwa 3 cm über dem Boden. Um Lauchzwiebeln komplett zu ernten, nach etwa drei Monaten aus dem Boden ziehen – am besten aber vor dem ersten Frost.

IN DER KÜCHE

Im Gegensatz zu Gemüsezwiebeln werden dir Lauch- und Winterheckenzwiebeln keine Tränen in die Augen treiben. Sie sind wesentlich milder, aber ähnlich vielseitig einsetzbar. Vor allem roh verleihen sie grünem Salat einen angenehmen Kick. Ich liebe sie in feine Ringe geschnitten in Kräuterquark, Omelette, Suppen und Eintöpfen. Für asiatische Gerichte eignen sich Lauch- und Winterheckenzwiebel ebenfalls hervorragend – schließlich sind sie von dort zu uns gekommen. Verarbeite sie nach der Ernte sofort und friere die Reste ein, da die Blätter rasch welken und an Aroma verlieren. Tipp: Wirf den Wurzelschaft von Lauchzwiebeln nicht weg! Auf der Fensterbank kannst du ihn leicht noch mal austreiben lassen (siehe S. 80).

Dicke Bohne

Dicke Bohnen wohnen in samtigen Schoten. Die Kerne sind eine Delikatesse, die es nur selten frisch zu kaufen gibt. Wer sie ernten will, sät in der Regel ganz früh im neuen Jahr aus.

1

Auch wenn der Name es nahelegen mag, die Dicke Bohne *(Vicia faba)* ist nicht mit den wärmeliebenden Stangen- und Buschbohnen verwandt. Regional ist sie wahlweise als Faberbohne, Große Bohne und Puffbohne bekannt. Die Hülsenfrucht gehört zu den ältesten Nahrungsmittelpflanzen der Welt. Ihre Bedeutung spiegelt sich in den zahlreichen alten, oftmals regionalen Sorten wieder, die sich unter anderem in ihrer Kulturdauer (90 bis 120 Tage) unterscheiden.
Von unserem Speiseplan sind Dicke Bohnen heute jedoch leider nahezu verschwunden. Auch ich kannte sie bis vor wenigen Jahren nur als Tierfutter. Inzwischen ist der hübsche Schmetterlingsblütler aus meinem Balkongarten nicht mehr wegzudenken. Am liebsten baue ich Varianten an, die nicht nur lecker schmecken, sondern auch schön blühen: 'Karmesin' und 'Crimson Flowered' haben leuchtend rote Blüten, die Sorte 'Lüneburger' blüht weiß mit schwarzen Flecken.

AUSSAAT

Weiche die großen Samenkörner vor der Aussaat einen Tag lang in Wasser ein, damit sie besser keimen. Je nach Sorte kommen sie 5 bis 10 cm tief in die Erde, maximal vier Kerne pro Kiste oder breitem Kübel. Bei Temperaturen ab 2 °C keimen die Samen innerhalb von drei Wochen. In kühlen Nächten musst du dir keine Gedanken um die Pflänzchen machen: Bei leichten Minusgraden erfrieren sie in der Regel nicht, sondern hören einfach nur auf zu wachsen.
Dicke Bohnen werden meist zu Anfang des Jahres direkt ausgesät, wenn die Erde nicht mehr gefroren ist. Ich nutze sie aber auch gern als Gründüngung im August. Die Hülsen reifen mit etwas Glück noch im Spätherbst aus. Späte Aussaaten überwintern.

PFLEGE

Dicke Bohnen sind pflegeleicht. Halte die Erde jedoch gut feucht, insbesondere ab der Blütezeit. Für

2

3

1. Dicken Bohnen macht Kälte nicht aus.

2. Die Blüten sind hummelfreundlich.

3. Die Kerne wachsen in samtigen Hülsen.

mehr Standfestigkeit die Pflanze mit Erde anhäufeln, wenn sie etwa handhoch ist. Hochwachsende Sorten solltest du mit einer Rankhilfe stützen. Stehen die Pflanzen zu dicht, kann Mehltau auftreten. Späte Aussaaten haben tendenziell mehr Schwarze Läuse, die sich in jungen Triebspitzen einnisten. Brich diese heraus, sobald die Hülsen reifen.

ERNTE

Die Hülsen reifen von unten nach oben ab, je nach Sorte ab Ende Mai (bei Aussaat ab Ende Januar). Wenn sich die Umrisse der Bohnen deutlich abzeichnen, kannst du die Hülsen pflücken und die Kerne aus ihrem samtig-weichen Bett pulen.

IN DER KÜCHE

Dicke Bohnen bereitet man traditionell mit Speck zu. Am liebsten esse ich sie aber gedünstet zu Gnocchi, Zuckerschoten, grünem Pesto und gehobelten Parmesan.

CHECKLISTE

- Familie: Schmetterlingsblütler
- Sorten: 'Crimson Flowered', 'Karmesin', 'Lüneburger'
- Fruchtfolge: nicht nach Schmetterlingsblütlern wie Erbsen
- Aussaat: August bis November, Mitte Januar bis April
- Erntezeit: nach 14 Wochen

Erbsen

Erbsen *(Pisum sativum)* kennen wir im Winter vor allem als kugeliges Tiefkühlgemüse. Das ist aber nicht alles! Die essbaren Triebe versorgen uns in der kalten Jahreszeit mit frischem Grün.

1

SPÄTE AUSSAAT, FRÜHE ERNTE

Auch wenn du lieber richtige Markerbsen oder Zuckerschoten ernten möchtest, lohnt eine Aussaat im Herbst. Die kompakte Wintererbse 'Sima' und die starkwüchsige Zuckerschote 'Frieda Welten' überwintern, wenn du sie im Oktober in die Erde legst. Im folgenden Jahr kannst du die Hülsen bereits ab Mai ernten.

Dass junges Erbsengrün essbar ist, wusste ich lange Zeit nicht. Tatsächlich schmecken die zarten Triebe herrlich nach Erbse. Die rasch wachsenden Schmetterlingsblütler liefern in den letzten Monaten des Jahres reichlich Nachschub an frischem Grün, werden aber durch den regelmäßigen Schnitt natürlich nicht auf ihre volle Größe kommen. Aber das hat auch Vorteile: Wir müssen uns keine Sorgen machen, dass uns die Pflanzen über den Kopf wachsen!

AUSSAAT

Um Erbsentriebe zu ernten, kannst du die runden Samen recht dicht in Balkonkästen, Kübel oder Kisten aussäen. Lege sie etwa im Abstand von 3 cm und bedecke sie mit ebenso viel Erde. Feucht halten. Die Samen keimen bereits bei Temperaturen über 5 °C innerhalb von drei Wochen.

PFLEGE

Erbsen sind pflegeleicht. Die Erde darf feucht, aber nicht zu nass sein. Ab Oktober sind die Pflanzen für einen Schutz dankbar. Lüfte jedoch regelmäßig, damit sich kein Grauschimmel oder Falscher Mehltau bildet. Düngen ist nicht notwendig. Als Hülsenfrucht gehört die Erbse zu den Leguminosen, die mithilfe von Knöllchenbakterien die Erde mit Stickstoff anreichern. So versorgen sie sich nicht nur selbst, sondern sind auch eine ideale Gründüngung.

ERNTE

Erbsentriebe sind erntereif, sobald sie mindestens eine Handbreit hoch sind.

CHECKLISTE

- Familie: Schmetterlingsblütler
- Winter-Sorten: 'Ambrosia', 'Frieda Welten', 'Grau Buntblühende', 'Sima'
- Fruchtfolge: nicht nach Schmetterlingsblütlern wie Bohnen
- Aussaat: September bis Ende Oktober, ab Januar
- Erntezeit: nach 6 Wochen

Schneide die zarten Triebe nicht bodentief ab, sondern oberhalb der ersten Blattachsel. Die Pflanze treibt dann frisch aus. Im Frühbeetkasten und milden Lagen können wir junge Triebe den ganzen Winter hindurch ernten. Alternative: Erbsensprossen auf der hellen Fensterbank, im Sprossenglas oder als Microgreen ziehen (ab S. 76). So kannst du sie in jedem Stadium verwenden und genießen.

IN DER KÜCHE

Junges Erbsengrün hat ein tolles Aroma. Du kannst es roh im Salat oder kleingeschnitten auf dem Brot essen. Köstlich schmeckt es auch in Kräuterquark und Dips. Im Wok oder der Pfanne kurz angebraten, verfeinern die Triebe nicht nur asiatische Gerichte.

2

1. Gesundes für den Winter: Erbsentriebe lassen sich drinnen und draußen ziehen.

2. Geschnittenes Grün welkt schnell. Große Mengen lassen sich als Pesto haltbar machen.

KRÄUTER FÜR DIE

KALTEN TAGE

Auf einen Blick

- Sonne
- Halbschatten
- pflegeleicht
- Schwachzehrer
- Mittelzehrer
- Starkzehrer
- verträgt leichten Frost: 0 bis –5 °C
- verträgt mäßigen Frost: bis –10 °C
- verträgt stärkeren Frost: bis –15 °C

MEDITERRANE KRÄUTERAPOTHEKE

Salbei, Thymian, Rosmarin und Oregano mögen es von Natur aus sonnig und trocken. Im Sommer kannst du den Kasten bedenkenlos offen ans Balkongeländer hängen. Ab Herbst ist ein möglichst helles, überdachtes Plätzchen empfehlenswert, das deine mediterrane Kräuterapotheke vor zu viel Nässe von oben schützt.

Die Kräuterschmaus-Kiste versorgt dich das ganze Jahr hindurch. Im Frühling beginnt die Sauerampfer-Zeit. Zieht er sich im Herbst zurück, kannst du weiterhin Vogelmiere und Petersilie ernten. Tipp: Im Frühjahr Vogelmiere durch Schnittlauch ersetzen.

Winterkräuter – würzig und wohltuend

Auf aromatische Kräuter musst du auf dem Winterbalkon nicht verzichten. Bei ausreichend Schutz versorgen uns einige Garten- und Heilkräuter in der zweiten Jahreshälfte mit frischem Grün.

Ob als Suppengewürz, Vitaminbombe auf dem Butterbrot oder wohltuender Tee: Kräuter mag ich in meiner winterlichen Küche nicht missen. Neben klassischen Heil- und Küchenkräutern wie Salbei, Thymian und Petersilie liefern auch Wildkräuter wie Vogelmiere gesundes Grün. Junge Blätter und Stängel verwende ich gern kleingeschnitten für Salat sowie in selbst gemachtem Kräuterquark oder Dips, die ich mit Joghurt, etwas Leinöl, Salz und Pfeffer verfeinere.

KRÄUTERSCHMAUS

Eine kleine Kräuterkiste bietet bereits eine erstaunliche Bandbreite an Aromen. Petersilie (siehe S. 62) beispielsweise gibt Brotaufstrichen eine mild-würzige Note. Mit Vogelmiere (siehe S. 66) schmeckt ein Dip nach jungem Mais. Und Sauerampfer (siehe S. 68) verleiht ihm ein frisches, zitronig-säuerliches Aroma. Die winterliche Kräuterkiste kannst du bis September anlegen. Säe Sauerampfer und Petersilie entweder direkt aus oder setze vorgezogene Jungpflanzen. Bei einer 60 × 40 cm großen Kiste passen in die diagonale Reihe etwa sechs bis acht Petersilienpflänzchen. Sie bilden eine grüne Barriere zwischen dem wuchernden Sauerampfer und der ausbreitungsfreudigen Vogelmiere, die in den jeweils gegenüberliegenden Ecken wachsen.

MEDITERRANE KRÄUTERAPOTHEKE

Passend zur nasskalten Jahreszeit beschert uns der Winterbalkon traditionelle Heilkräuter, die unsere Hausapotheke ergänzen. In einen 80 cm langen Balkonkasten finden jeweils ein Echter Salbei, ein Thymian, ein Oregano und ein winterharter Rosmarin Platz. Pflanze die mediterranen Kräuter (siehe S. 70) spätestens im Frühsommer, damit sie sich bis zur kalten Jahreszeit gut etablieren. Sicherlich: Mediterrane Kräuter sind ab Herbst nicht mehr so aromatisch wie im Sommer. Wenn du jedoch an einem sonnigen Wintertag über ihr immergrünes Laub streichst, ist ihr charakteristische Duft nicht zu überriechen.

Petersilie

Petersilie genießt den Ruf einer kleinen Diva. Ab Herbst gibt sie sich jedoch einsichtig und beschert uns – einmal etabliert – den ganzen Winter hindurch würziges Grün.

Zu heiß, zu trocken oder die falsche Menge an Nährstoffen: Es einer Petersilie *(Petroselinum crispum)* auf dem sommerlichen Balkon recht zu machen, ist gar nicht einfach. Clevere Gartenfans säen sie daher erst in der zweiten Jahreshälfte aus, an einem geschützten Plätzchen. Die eher feuchtkühlen Bedingungen im Herbst kommen dem beliebten Küchenkraut, das ursprünglich aus dem Mittelmeerraum stammt, entgegen.
Blattpetersilie hat hübsch gefiederte Blätter, die an langen Stängeln in Rosetten wachsen. Ich liebe aber auch die krausblättrigen Varianten 'Mooskrause' und 'Grüne Perle', selbst wenn sie weniger aromatisch sein sollten als glattblättrige Sorten wie 'Einfache Schnitt 3'.

AUSSAAT UND PFLANZUNG

Petersilie aus Samen zu ziehen, verlangt Geduld. Es kann bis zu vier Wochen dauern, bis die Samen keimen und die Pflänzchen so richtig in Schwung kommen. Wenn du so lange nicht warten willst: Jungpflanzen kaufen oder selber vorziehen. Bedecke die Samen mit etwa 1 cm Erde und halte sie immer gut feucht. Säe großzügig aus, denn nicht jedes Samenkorn keimt. Das Saatgut verliert schon nach einem Jahr stark an Keimfähigkeit.
Bei Direktsaaten kannst du die Reihen mit schnellwachsenden Radieschen (siehe S. 48) markieren. Sie sind reif, wenn die Petersilie sichtbar wird. Jungpflanzen auf 5 cm Abstand ausdünnen. Im September am besten schon in den Frühbeetkasten aussäen. Ziehe Petersilie nicht immer in derselben Erde, da sie darin immer schlecht wächst. Auch andere Doldenblütler wie Dill, Fenchel, Koriander, Möhre (siehe S. 44) und Sellerie (siehe S. 64) mag sie nicht als Vormieter.

PFLEGE

Einmal im Balkonkasten oder Topf etabliert, ist Petersilie eigentlich recht pflegeleicht. Du musst nur die Erde gleichmäßig feucht halten. Mulchen ist eine gute Idee, Düngen nicht notwendig.
Ab November ist eine Haube empfehlenswert, die die Pflanzen vor nassem Wetter und eiskaltem

Petersilie darf auf keinem Winterbalkon fehlen.

CHECKLISTE

- Familie: Doldenblütler
- Winter-Sorten: 'Mooskrause', 'Grüne Perle', 'Einfache Schnitt 3'
- Fruchtfolge: nicht nach Doldenblütlern wie Dill
- Vorziehen: Juli/August
- Direktsaat oder Pflanzung: August/September
- Erntezeit: nach 12 Wochen

Wind schützt. Auf Falschen Mehltau und Blattfleckenkrankheit achten und das befallene Grün sofort entfernen.

ERNTE

Schneide die Blätter mitsamt Stängel mit einer Schere oder einem scharfen Küchenmesser etwa 1 cm über der Erde ab, wenn die Pflanzen eine Handbreit hoch sind. Bleibt das Herz unverletzt, treibt die zweijährige Petersilie wieder nach – mit ausreichend Schutz und etwas Glück bis zum Frühjahr. Auf alle Fälle vor der Blütenbildung ernten!

IN DER KÜCHE

Verwende Petersilie am besten rasch nach der Ernte. Ich nutze kleingeschnittene Blätter und Stängel für Salate, Dips, Smoothies, Kräuterbutter und -quark sowie meine winterliche Grüne Soße. Natürlich kannst du das Grün auch zum Garnieren von Kartoffeln, Gemüse, Suppen und Omelettes verwenden. Erst zum Schluss hinzugeben, da das Kraut durch das Erhitzen sein würziges Aroma verliert.

WURZELPETERSILIE

Wurzelpetersilie (*Petroselinum crispum* subsp. *tuberosum*) wie 'Halblange' kannst du bis zum ersten Frost in hohen Kisten und Kübeln anbauen. Im Spätherbst die Rübe ausgraben und als Suppengemüse verwenden.

Blatt-, Schnittsellerie

Schnittsellerie (*Apium graveolens* var. *secalinum*) ist ein ideales Suppenkraut für die kalte Jahreszeit. Im Sommer gesät, kannst du es den ganzen Winter hindurch ernten.

Knollensellerie im Balkongarten anzubauen, ist mühsam. Umso besser, dass auch die grünen, feingefiederten Blätter des Schnittselleries dieses würzige Aroma besitzen. Das altbekannte Küchenkraut ist mehrjährig und bildet keine Knolle aus.

AUSSAAT

Blattsellerie lässt sich gern Zeit. Insbesondere in den ersten Wochen ist Geduld gefordert: Bei Temperaturen um 20 °C keimen die Samen erst innerhalb von drei Wochen. Säe ihn daher bis spätestens August in lockerer Erde aus, damit die Pflanzen für die Winterernte groß und stark genug werden. Wenn du dafür keinen Platz hast, kannst du Jungpflanzen kaufen oder selber vorziehen. Blattsellerie-Samen brauchen Licht, um zu keimen. Drücke sie daher nur fest oder bedecke sie mit sehr wenig Erde oder Sand. Gut feucht halten. Die Jungpflanzen später auf 10 cm Pflanzenabstand ausdünnen.

PFLEGE

Blattsellerie ist recht pflegeleicht, wenn er erst einmal dem Jungpflanzenstadium entwachsen ist. Die Erde darf jedoch nicht austrocknen, gerade an heißen Spätsommertagen. Neben gleichmäßigem Gießen ist daher eine Mulchschicht hilfreich. Nur bei Bedarf mit Bio-Flüssigdünger versorgen. Wenn du das Kraut ab Spätherbst vor Nässe und eiskaltem Wind schützt, ist auch eine Ernte mitten im Winter möglich.

ERNTE

Je nach Aussaat sind die Blätter ab Oktober reif für die erste Ernte. Schneide nur die äußeren Blätter mit einem scharfen Messer ab. Bleibt das Herz unverletzt, treibt der Blattsellerie frisch aus. An einem geschützten Standort ist eine durchgehende Ernte möglich, wenn du immer nur kleine Mengen erntest.

IN DER KÜCHE

Die aromatischen Blätter sind ideal für herbstliche Eintöpfe und Suppen. Auch als Garnitur für gedünstetes Gemüse, Salat und Kräuterquark kannst du das fein geschnittene Grün verwenden. Wegen des intensiven, sellerieartigen Aromas besser nur sparsam dosieren.

1

CHECKLISTE

- Familie: Doldenblütler
- Fruchtfolge: nicht vor und nach Doldenblütlern wie Dill, Petersilie oder Möhren
- Aussaat und Pflanzung: Juni bis August
- Erntezeit: nach 16 Wochen

1. Schnittsellerie ist sehr würzig, ernte ihn daher nur blattweise.

2. Sedanina blüht eher unauffällig, sät sich aber leicht aus.

SEDANINA

Einen feinen Selleriegeschmack haben die Blätter der Sedanina *(Helosciadum nodiflorum)*, auch Knotenblütriger Sellerie genannt. Im Sommer leidet sie unter der Hitze auf meinem Balkon, denn sie liebt es feucht und schattig. Ab Herbst liefert das mehrjährige Wildkraut dann reichlich Grün, das ich roh oder als Gemüse blanchiert genieße.

2

1

Vogelmiere

Die Gewöhnliche Vogelmiere ist als Unkraut verpönt. Mit ihrem frischen Mais-Aroma hat sich das robuste Wildkraut jedoch einen Platz in meinem winterlichen Balkongarten erobert.

Irgendwann war es einfach da, dieses kleine, zarte Pflänzchen und bedeckte dann binnen weniger Tage den kompletten Balkonkasten mit seinen eiförmigen, spitz zulaufenden Blättern. Ausgesät habe ich die Gewöhnliche Vogelmiere *(Stellaria media)* nie. Sie findet ihren Weg in offene Erde. Über kurz oder lang, irgendwie. Da sie sich so einfach selbst einlädt, ist die Gewöhnliche Vogelmiere vielen lästig. Dabei bringt das Wildkraut etliche Eigenschaften mit, die es für die Winterernte auszeichnen: Hartnäckig und robust keimt es schon bei geringen Temperaturen und bildet schnell frisches, leckeres Grün, das an jungen Zuckermais erinnert. Die bis zu 40 cm langen Triebe verankern sich mithilfe feiner Wurzeln in der Erde. Auf diese Weise entsteht ein dichter, bis zu 10 cm hoher Grünteppich, der offenen Boden vor Erosion schützt.
Ihren Namen verdankt die Gewöhnliche Vogelmiere wohl der Tatsache, dass Vögel das frische Grün und ihre Samen zum Fressen gernhaben. Je nach Region nennt man sie auch Vogelkraut, Gänsegras, Hühnerdarm und Hühnerabbiss. Die Bezeichnung Vogelsternmiere wiederum deutet auf ihre kleinen Blüten hin.

Ab März heben sie sich in der Frühlingssonne leuchtend weiß vom grünen Laub ab. Pro Jahr kann das einjährige Nelkengewächs mehrere Tausend Samen ausbilden, die viele Jahre lang in trockener Erde überdauern und keimfähig bleiben. Kein Wunder, dass viele sagen: Diese kleine Pflanze verbreitet sich wie Unkraut!

CHECKLISTE

- Familie: Nelkengewächse
- Fruchtfolge: unproblematisch
- Aussaat: ganzjährig
- Erntezeit: nach 4 Wochen

2

1. Von wegen Unkraut: Vogelmiere wächst schnell und üppig. Das gejätete Grün lässt sich prima in der Küche verwenden.

2. Hab ich dich ausgesät?! Vogelmiere siedelt sich oft von alleine an.

AUSSAAT

Die Gewöhnliche Vogelmiere wächst in flachen Schalen, im Balkonkasten und im Kübel. Die Samen sind Lichtkeimer: Bedecke sie daher nur mit wenig Sand oder Erde oder drücke sie nur oberflächlich an. Bei Temperaturen um 15 °C gehen die Samen innerhalb von 14 Tagen auf. Sind die Bedingungen nicht optimal, überdauern die Samen in der Erde.
Auch eine vegetative Vermehrung ist einfach möglich: Bleiben abgeschnittene Triebe auf der Erde liegen, wurzeln sie.

PFLEGE

Als Wildkraut ist die Vogelmiere recht robust und anpassungsfähig. Sie wächst überall, wo du ihr Platz lässt und sie genügend Nährstoffe findet. In lockerer, nährstoffreicher Erde wächst sie schnell. Gieße sie gleichmäßig, damit Blätter und Triebe zart bleiben. Ein Winterschutz ist nicht notwendig.

ERNTE

Vogelmiere kannst du in milden Regionen und auf einem geschützten Balkon den ganzen Winter hindurch ernten. Sie lässt sich einfach herausziehen, da die Pflanze nur flach wurzelt. Alternativ kannst du die langen Triebe mit einem scharfen Messer abschneiden. Das Wildkraut wächst zügig nach und verzweigt sich. Ernte am besten vor der Blüte – so verhinderst du, dass sich die Pflanze versamt und unkontrolliert im Balkongarten ausbreitet.

IN DER KÜCHE

Die Gewöhnliche Vogelmiere schmeckt nach süßem Mais. Ich verwende sie für Salate, Dips und Kräuterquark. Für grüne Smoothies, Pesto und blanchiert als Gemüse lässt sie sich ebenfalls nutzen. Nach der Ernte sofort verbrauchen, da die feinen, vitaminreichen Blätter rasch welken. Wegen des hohen Saponingehaltes wird empfohlen, sie nicht allzu oft und nur in Maßen zu verzehren.

Sauerampfer

Sauerampfer gehört zu meinen Lieblingskräutern im Balkongarten. Die feinen, zitonig-säuerlichen Blätter lassen sich bis zum Spätherbst ernten - und früh im neuen Jahr.

Sauerampfer ist ein unkompliziertes, mehrjähriges Gewächs, das auf dem geschützten Balkon am besten im Halbschatten gedeiht. Von den verschiedenen Arten habe ich bislang drei ausprobiert. Der Klassiker ist sicherlich der Garten-Sauerampfer *(Rumex acetosa)* mit länglich-ovalen, dunkelgrünen Blättern. Er zieht sich jedoch zum Spätherbst in die Erde zurück. Ganz anders der Blutampfer *(Rumex sanguineus)*. Er verdankt seinen Namen den blutrot geaderten Blättern, die in kompakten Rosetten wachsen. Seine jungen Blätter können wir den ganzen Winter hindurch ernten. Sehr sauer schmeckt er jedoch nicht. Mein Favorit derzeit ist der Schildampfer *(Rumex scutatus)*. Seine weichen, pfeilförmigen Blätter schimmern silbrig-grün und haben ein herrliches zitronenfrisches Aroma. Er gedeiht auch im Balkonkasten, ist aber leider nicht den ganzen Winter hindurch erntbar.

AUSSAAT UND PFLANZUNG

Sauerampfer kannst du bereits ab Februar vorziehen oder ab April direkt in Kisten und Töpfe säen, um die Pflanzen den ganzen Sommer hindurch zu nutzen. Späte Aussaaten im August überwintern mit Ausnahme des Blutampfers. Vorgezogene Pflanzen kannst du noch bis Mitte September für die Winterernte setzen.

Drücke die Samen nur oberflächlich an oder bedecke sie mit etwas Erde: Sauerampfer braucht Licht zum Keimen. Die Aussaaten gut feucht halten. Bei Temperaturen zwischen 15 und 20 °C gehen die Samen nach etwa zwei bis drei Wochen auf. Je nach Art auf einen Abstand von mindestens 10 cm vereinzeln.

PFLEGE

Sauerampfer mag weder Hitze noch Trockenheit. Gieße daher regelmäßig und mulche ihn, so bleiben die Blätter zart. Bei Bedarf mäßig düngen. Auf Blattläuse und Blattfleckenkrankheit achten. Die Blütentriebe ausbrechen, damit du lange ernten kannst. Ältere Pflanzen lassen sich durch Teilung verjüngen und vermehren.

ERNTE

Schneide für die Ernte nur die äußeren jungen Blätter. Je älter sie sind, desto ungenießbarer werden sie in der Regel. Aus dem unverletzten Herz treibt die

1

2

CHECKLISTE

- Familie: Knöterichgewächse
- Fruchtfolge: unproblematisch
- Vorziehen: Februar bis August
- Aussaat: April bis August
- Pflanzung: bis Mitte September
- Erntezeit: nach 16 Wochen

Pflanze nach. Bei Blutampfer ist eine Ernte bis zum Frühjahr möglich, wenn du ihn überdacht anbaust. Die anderen Arten ziehen tendenziell ein und treiben zum Frühjahr wieder frisch aus.

IN DER KÜCHE

Sauerampfer liebe ich roh in Salat, Kräuterquark und Grüner Soße. Wegen des hohen Gehalts an Oxalsäure wird empfohlen, ihn roh nur mäßig zu verwenden. Gedünstet und für Suppe werden die Blätter ebenfalls geschätzt.

1. Mit seinen tiefroten Blattadern ist Blutampfer eine Zier. Leider schmeckt er nicht so intensiv wie seine Verwandten.

2. Der zitronig-säuerliche Sauerampfer ist mehrjährig und treibt schon früh im Jahr wieder aus.

Mediterrane Kräuter

Gut geschützt, trotzen mediterrane Kräuter durchaus winterlichen Temperaturen und ermöglichen so eine kleine Winterernte. Schnee macht ihnen nichts aus.

Oregano, Rosmarin, Thymian, Salbei sowie Bergbohnenkraut, Currystrauch und Olivenkraut sind bekannt für ihre Vorliebe: Sonne und Wärme sorgen dafür, dass sich die ätherischen Öle besonders reich entfalten. Im Winter strotzen die mediterranen Kräuter daher nicht gerade vor aromatischem Grün. Von winterharten Sorten lassen sich jedoch in milden Regionen durchaus einige Blättchen ernten, wenn die getrockneten Vorräte zuneige gehen.

1

2

1. Salbei gibt es in vielen verschiedenen Arten. Der Echte Salbei *(Salvia officinalis)* mit seinen silbrig-grauen, filzigen Blättern ist der winterharte Klassiker.

2. Thymian kommt auch ohne Schutz durch die kalten Tage.

PFLANZUNG

Mediterrane Kräuter lassen sich zwar aus Samen ziehen, bis zu einer ersten Ernte dauert es aber recht lange. Wesentlich einfacher ist es, Jungpflanzen zu kaufen. Setze sie bis August in mit Sand abgemagerte Erde – in Balkonkästen, Kisten oder Kübel. Einmal etabliert, können wir die Pflanzen vor der Blüte über Stecklinge vermehren. Oregano sät sich selbst aus.

PFLEGE

Mit einem regelmäßigen Schnitt in den Sommermonaten legst du nicht nur einen Kräutervorrat an, sondern sorgst auch dafür, dass die Kräuter kompakt und buschig wachsen und nicht verkahlen. Ab Herbst brauchen sie dann ein Dach über dem Kopf,

1

2

1. Nicht jeder Rosmarin verträgt Frost. Als robust gelten die Sorten 'Arp', 'Blue Winter' und 'Veitshöchsheim'.

2. Immergrüne mediterrane Kräuter schmücken den Balkongarten zu jeder Jahreszeit. Im Herbstlicht kommen sie besonders zur Geltung. Damit sie im Frühling wieder austreiben, darf die Erde im Winter nicht austrocknen.

das sie vor zu viel Regen schützt. Isoliere auch die Wurzeln gut vor Kälte. Gieße die Pflanzen an frostfreien Tagen etwas, damit sie nicht vertrocknen.

ERNTE

Pflücke oder schneide mediterrane Kräuter an sonnigen Tagen am besten Blatt für Blatt. Erst im Frühjahr treiben die Kräuter wieder frisch aus. Vermeide eine Ernte an feuchten Tagen oder vor dem Frost. Die Blätter haben dann noch weniger Aroma und die geschnittenen Pflanzen zeigen sich meiner Erfahrung nach eher anfällig für Pilzkrankheiten.

IN DER KÜCHE

Mediterrane Kräuter verwende ich nicht nur für Pizza und Pastasoße, sondern auch für eine winterliche Kräuterbutter und zum Backen. Rosmarin schmeckt herrlich in Plätzchen, zu Ofengemüse und gebackenem Feta. Salbei und Thymian nutze ich zusätzlich gern für Kräutertee.

CHECKLISTE

☀ ⛅ ✓ ❄ - ❄❄❄

- Familie: Lippenblütler, Korbblütler
- Pflanzung: April bis August
- Erntezeit: regelmäßig

INDOOR
GARDENING

Gärtnern in der Wohnung

Ich gebe zu: Wenn es regnet, stürmt und schneit, macht Balkongärtnern nur bedingt Spaß. Zum Glück gedeihen bei ausreichend Licht und Wärme einige Gemüse und Kräuter auch in der Wohnung.

Drinnen essbares Grün wachsen zu lassen, liegt im Trend – nicht nur in der kalten Jahreszeit. Damit sich die Pflanzen jedoch im Indoor Garden wohlfühlen, brauchen sie neben Erde, Luft, Feuchtigkeit und Pflege vor allem Licht und Wärme. Und zwar im richtigen Verhältnis: Auf einer warmen, aber nicht allzu hellen Fensterbank wachsen Kräuter und Gemüse schnell, aber schwächlich. Und das macht sie instabil und anfällig für Schädlinge wie Blattläuse.

GÄRTNERN MIT PFLANZENLAMPEN

Gerade in der dunklen Jahreszeit ist es sinnvoll, mit einer Pflanzenlampe nachzuhelfen. Sie liefert eine ausgewogene Mischung an blau- und rotwelligem Licht, das die Pflanzen für die Fotosynthese und ein gesundes Wachstum benötigen, und damit sie kein Nitrat speichern. Um für sommerliche Lichterverhältnisse zu sorgen, sollte die künstliche Sonne täglich mindestens 12 Stunden scheinen. In einigen Modellen sind Zeitschalter eingebaut. Mein Tipp: Reguliere die Beleuchtungsdauer selbst, damit es in deiner kleinen Wohnung nicht plötzlich mitten in der Nacht taghell ist. Das raubt dir nur den Schlaf. Programmierbare Zeitschaltuhren, die in die Steckdose gesteckt werden, nehmen dir das Ein- und Ausschalten ab.

ESSBARES UND DEKORATIVES

Für einen Indoor Garden eignen sich schnellwachsende Gemüse wie Radieschen, Pflück- und Asia-Salate. Kräuter wie Basilikum, Koriander und Petersilie kannst du ebenfalls direkt aussäen. Mediterrane Kräuter wie Thymian und Rosmarin lassen sich auf diese Weise drinnen überwintern. Minze, Zitronenmelisse und Schnittlauch treiben frisch aus, schwächeln tendenziell aber in der darauffolgenden Saison, da ihnen die Ruhepause fehlt. Teile daher den Wurzelstock und nutze nur eine Hälfte für den Indoor Garden. Pflanze austreibende Zwiebeln und Knoblauchzehen in einen Topf. Das nachwachsende Grün verleiht Suppen, Rührei, Omelette, Kräuterbutter und Wok-Gerichten eine angenehme Schärfe.

1

2

3

Chili und andere wärmeliebende Exoten wie Aloe vera, Orange, Kumquat, Ingwer, Avocado und Ananas gedeihen bei genügend Helligkeit. Ziehe die Pflanzen selber – das ist günstiger und macht viel mehr Spaß. An meinem Küchenfenster wächst seit einigen Jahren ein beachtlicher Zitronenbaum, den ich versuchsweise aus den Kernen einer Bio-Zitrone gezogen habe. Nur Früchte trägt er leider (noch) nicht. Auch bei anderen Exoten dauert es, bis sie Früchte tragen – wenn überhaupt.

1. Empfehlenswert sind Pflanzenlampen mit Leuchtdioden (LED): Sie sparen Strom und geben keine zusätzliche Wärme ab. Höhenverstellbare Konstruktionen wachsen mit den Pflanzen mit.

2. Wegen ihrer pflegenden Inhaltsstoffe geschätzt: Aloe vera

3. Chili kannst du drinnen überwintern und reifen lassen.

Microgreens und Keimsprossen: Schnelles Superfood

Microgreen und Keimsprossen lassen sich schnell und bequem auf der Fensterbank ziehen. Sie versorgen uns den ganzen Winter hindurch mit frischem Grün.

1

Als Superfood haben Microgreens und Keimsprossen inzwischen unsere Küche erobert: Sie sollen besonders viele gesunde Inhaltsstoffe wie Vitamine und Ballaststoffe enthalten. Ich schätze an ihnen, dass sie unkompliziert und binnen weniger Tage meinen Hunger nach frischem Grün stillen.

ALLES SPROSSEN?

Als Microgreens bezeichnet man essbare Sämlinge von Gemüse und Kräutern wie Kresse, Radieschen oder Grünkohl. Sie wurzeln in der Regel in Erde oder einem Vlies. Da sie erste Blätter ausgebildet haben, werden sie auch Grünsprossen genannt. Nicht essbar sind die Keimlinge giftiger Pflanzen wie Aubergine, Tomate und Paprika.
Keimsprossen werden verzehrt, sobald die Samen aufgegangen sind – und zwar komplett, also Spross inklusive Samenkorn und Wurzeln. Da die Keimlinge für die Entwicklung nur Wasser, Licht und Luft benötigen, werden sie in einem Keimgerät oder Sprossenglas (siehe S. 79) gezogen.

MICROGREENS

Für Microgreens gibt es fertige Anzuchtsets im Handel. Wesentlich günstiger ist es, die Pflanzenkeimlinge in einer flachen Schale oder auf einem Teller zu ziehen. Ich verwende dafür geprüftes Saatgut in Bio-Qualität:

1. Schale mit etwa 2 cm torffreier Anzuchterde füllen oder mit Wattepads auslegen. Andrücken und gut anfeuchten, zum Beispiel mit Wasser aus einer Sprühflasche.
1. Samen gleichmäßig aussäen, durchaus etwas dichter, da sie ja bald geerntet werden.
2. Lichtkeimende Samen oberflächlich andrücken. Dunkelkeimer mit etwas Erde bedecken oder bis zur Keimung mit Pappe abdecken.
3. Auf eine helle, warme Fensterbank stellen. Bei Bedarf mit Wasser besprühen.

Wichtig: Samen und Sämlinge dürfen nicht austrocknen, aber auch nicht zu nass stehen: Stehen die Keimlinge zu feucht und kalt, kann sich Schimmel bilden. Mein Tipp für dicke Samen wie von

JUNGES GRÜN

KEIMSPROSSEN

Alfalfa, Bockshornklee, Buchweizen, Kichererbse, Linse, Mungbohne, Quinoa

GRÜNSPROSSEN (< 14 TAGE)

Roter Amaranth, Brokkoli, Dill, Grünkohl, Kresse, Lein, Radieschen, Rettich, Rucola, Senf

MICROGREENS (> 14 TAGE)

Basilikum, Erbse, Fenchel, Grünkohl, Kohlrabi, Koriander, Rote Bete, Rotkohl, Sonnenblume, Weizengras

2

3

Erbse und Sonnenblume: Wenn du sie vor der Aussaat über Nacht in Wasser quellen lässt, keimen sie schneller.

Microgreens ernten

Stängel und Blätter über der Erde mit einem scharfen Messer oder einer Schere abschneiden, sobald sich das Grün entwickelt hat. Die durchwurzelte Unterlage über den Kompost oder die Bio-Tonne entsorgen. Microgreens sind eine gesunde Deko für Gemüsegerichte und Suppen, schmecken ebenso als Brotbelag, im Kräuterquark, Salat und Smoothie.

1. Grünkohl mal anders: Als Microgreen schmeckt er nicht so intensiv – und gewinnt so noch mehr Fans.

2. Schon bei den Keimblättern zeigt sich die charakteristische Zeichnung des Blutampfers.

3. Reiche Ernte: Microgreens lassen sich nach wenigen Tagen ernten und vielseitig verwenden.

1

2

1. Kichererbsen-Sprossen müssen vor dem Verzehr unbedingt gegart werden.

2. Gekeimte Mungbohnen werden oft auch Sojasprossen genannt.

KEIMSPROSSEN

Keimsprossen sind wesentlich schneller genussreif als Microgreens. In der Pflege sind sie jedoch wesentlich aufwändiger, da sie aus hygienischen Gründen mindestens zweimal pro Tag gespült werden müssen. In der Anzucht benötigen Keimsprossen etwas Feuchtigkeit, viel Luft und indirektes Licht. Temperaturen um 20 °C gelten als ideal. Wähle ein ausreichend großes Glas, denn die Keimlinge entwickeln binnen weniger Tage ein enormes Volumen. So ziehst du Keimsprossen:

1. Keimsaat gründlich waschen und verlesen. In das Sprossenglas füllen und darin über Nacht in der zwei- bis dreifachen Menge abgekochtem Wasser einweichen.
2. Nicht gequollene und leere Samenschalen aussortieren. Keimgut erneut gründlich spülen und das Wasser ausgießen: Das Sprossenglas schräg mit der vergitterten Öffnung nach unten stellen, sodass die Flüssigkeit komplett ablaufen und Luft zirkulieren kann.
3. Je nach Saatgut den Spülvorgang mindestens zweimal täglich (morgens und abends) wiederholen.

Keimsprossen pflegen

Sauberkeit ist das A und O bei der Keimsprossenzucht. Im feuchten Mikroklima können sich gesundheitsschädliche Keime ausbreiten und Schimmel bilden. Die Hygiene beginnt bereits mit der Wahl des Saatgutes: Verwende daher geprüftes Sprossensaatgut, möglichst in Bio-Qualität. Reinige das Equipment vor und nach der Anzucht gründlich und spüle es mit kochendem Wasser ab. Auch zum Spülen der Sprossen wird empfohlen, abgekochtes und anschließend abgekühltes Wasser zu verwenden. Entsorge Sprossen, die schleimig oder schimmelig aussehen oder unangenehm riechen!

Keimsprossen ernten

Die Samen keimen bereits nach wenigen Tagen und müssen dann so schnell wie möglich verzehrt werden. Vor dem Verzehr immer gründlich waschen oder erhitzen. Hülsenfrüchte-Keimlinge garen, damit sie genießbar werden. Die Sprossen für asiatische Wok-Gerichte oder wie Microgreen verwenden. Vorsicht: Aus hygienischen Gründen sollten Kinder und Menschen mit geschwächter Immunabwehr keine rohen Sprossen verzehren.

SPROSSENGLAS

Um Keimsprossen zu ziehen, musst du dir kein Keimgerät kaufen. Ein Sprossenglas lässt sich ganz einfach und kostengünstig selber bauen.

1.

Für das Sprossenglas benötigst du ein Einmachglas, ein festsitzendes Gummiband und eine Abdeckung, durch die Wasser gut abläuft (dünnes, grobporiges Teesieb, ein Stück Mullbinde oder Fliegengitter). Fülle das Sprossenglas mit gewaschener, verlesener Keimsaat. Spanne die Abdeckung über die Glasöffnung und fixiere sie mit dem Gummiband.

2.

Um die Keimsprossen zu spülen, die Abdeckung abnehmen und das Glas mit Wasser füllen. Nach dem Spülen, die Sprossen abseihen oder das Sprossenglas in ein größeres Gefäß stellen – schräg und mit der Öffnung nach unten. So fließt die überschüssige Flüssigkeit gut ab und wird gleich aufgefangen.

3.

Frische Keimsprossen schmecken lecker auf dem Butterbrot, zu Frischkäse oder Quark. Spüle sie vor dem Verzehr gründlich durch. Vorhandene Krankheitserreger lassen sich dadurch jedoch nicht sicher eliminieren. Wer empfindlich ist, sollte Sprossen grundsätzlich vor dem Essen erhitzen.

Regrow: Frisches Grün aus Gemüseresten

Abgeschnittene Strünke von Salat, Mangold und Lauch müssen nicht im Kompost oder Bio-Müll enden. Mit etwas Glück wachsen sie noch einmal nach.

Verregnete Herbst- und Wintertage sind ideal für Experimente, für die wir während der Gartensaison keine Zeit haben. Neue Pflanzen aus Gemüseresten ziehen, zum Beispiel. Klingt verrückt? Fand ich anfangs auch. Umso verblüffter war ich, als dann tatsächlich frisches Grün aus den Strünken von Schnittzichorie und Frühlingszwiebel spross.

VORAUSSETZUNGEN FÜR REGROW

Regrow, zu deutsch: Nachwachsen lassen, heißt diese Spielerei, die sich in den vergangenen Jahren zu einem Trend entwickelt hat. Die Idee, Gemüse und Kräuter restlos aufzubrauchen, finde ich super. Nur leider klappt das auf diese Weise nicht immer. Und auch die Ernte fällt in der Regel nicht allzu üppig aus.
Für eine erfolgreiches Regrow-Experiment ist aus meiner Sicht ein Faktor ausschlaggebend: Die Pflanzen müssen möglichst frisch sein, im besten Fall noch Wurzeln besitzen. Frühlingszwiebeln und Lauch sind grundsätzlich erfolgsversprechend. Doch auch bei anderen Gemüsen lassen sich mit etwas Glück junge Blättchen ernten, zum Beispiel für einen leckeren Brotbelag.

1

2

1. Mini-Ernte: Rote Bete und Möhren

2. Regrow-Mangold wächst in Erde weiter.

1 2 3

1. Lauchzwiebeln treiben schon nach wenigen Stunden aus.

2. Nach einigen Tagen ist erstes frisches Grün zu sehen.

3. Das Grün abschneiden und für Rührei oder Kräuterquark verwenden.

GEMÜSE NACHWACHSEN LASSEN

Gemüsereste wachsen bei Zimmertemperatur auf einer hellen Fensterbank nach. Verwende nur frische, gesunde Pflanzenteile.

1. Das Gemüseende gerade mit einem scharfen, sauberen Küchenmesser abschneiden. Länge: 4 bis 5 cm.
2. Den Strunk in ein Wasserglas stellen, damit er nicht umkippt.
3. Das Glas mit Wasser füllen: Wurzeln müssen komplett bedeckt sein, der Strunk nur etwa bis zur Hälfte.
4. Das Wasser täglich wechseln, damit es nicht gammelt.
5. Sobald der Gemüserest wächst, kannst du ihn auch in einen Topf mit Erde setzen.

REGROW-PFLANZEN

Blattsalate, Chinakohl, Fenchel, Frühlingszwiebel, Lauch, Mangold, Romanasalat, Rote Bete, Schnitt- und Blattzichorien, Stangensellerie, Zitronengras

NACHWACHSENDES GEMÜSE PFLEGEN

Faulende Pflanzenreste und Schimmel gehören zu den häufigsten Regrow-Problemen. Die Pflanzen dürfen nicht zu kalt und nass stehen: Achte darauf, dass die Schnittfläche an der Oberfläche trocken bleibt, und wechsle das Wasser am besten täglich. Treiben die Gemüsereste nicht mehr aus, waren die Wurzeln wahrscheinlich schon vertrocknet.

NACHGEWACHSENES GEMÜSE ERNTEN

Je nach Gemüse, Frische und Zimmertemperatur entwickeln sich schon nach wenigen Tagen neue Blätter. Frühlingszwiebeln und Lauch kannst du oftmals binnen einer Woche zum ersten Mal ernten. Das Grün nach Bedarf mit einem scharfen Messer schneiden. Andere Pflanzen wie Chinakohl brauchen länger und können nur einmal beerntet werden. Das nachgewachsene Grün lässt sich wie die großen Gemüsepflanzen verwenden.

BLUMEN & DEKO

Im Herbst den Frühling pflanzen

Der Herbst ist ideal, um die ersten Vorbereitungen für die neue Saison zu treffen. Bis zum Frost können wir Krokusse, Traubenhyazinthen, Tulpen und andere Frühlingsboten auf dem Balkon pflanzen.

BIENENFUTTER

Insektenfreundlicher Frühlingsgruß mit Schachbrettblumen, Traubenhyazinthen, Horn-Veilchen und Schwarzem Schlangenbart

Wenn die Krokusse blühen, ist für mich der Winter eigentlich vorbei. Tatsächlich gehört er zu den Zeigerpflanzen des Vorfrühlings: Mit ihm erwacht die Natur aus der Winterruhe. Die gelben, weißen und violettfarbenen Blütenkelche sind aber nicht nur ein hübscher Anblick, Krokusse sind auch eine wichtige Nahrungsquelle für Wildbienen und Hummeln – ebenso wie Schneeglöckchen *(Galanthus)*, Traubenhyazinthe *(Muscari botryoides)*, Sibirischer Blaustern *(Scilla siberica)*, Kegelblume *(Puschkinia)* und Wildtulpe *(Tulipa)*.
Damit die frühen Bienenweiden rechtzeitig blühen, setzen wir ihre Zwiebeln und Knollen am besten schon von September bis zum ersten Frost. Oder du kaufst erst am Frühlingsanfang bereits blühende Exemplare und pflanzt sie in deine Kübel und Balkonkästen. Die Zwiebeln überdauern bis zum nächsten Jahr.

BIENENFREUNDLICHER FRÜHLINGSGRUSS

Um möglichst viele unterschiedliche Frühlingsblüher auf wenig Raum unterzubringen, ist es clever, sie in einem Kübel zu schichten. Wichtig ist dabei die Reihenfolge: Je später die Pflanzen blühen, desto weiter unter haben sie ihren Platz. Auf diese Weise schaffst du eine sich stetig verändernde Bepflanzung. Im Idealfall blüht sie von Februar bis Mai.
Für einen Kübel mit 28 cm Durchmesser benötigst du fünf Wildtulpen

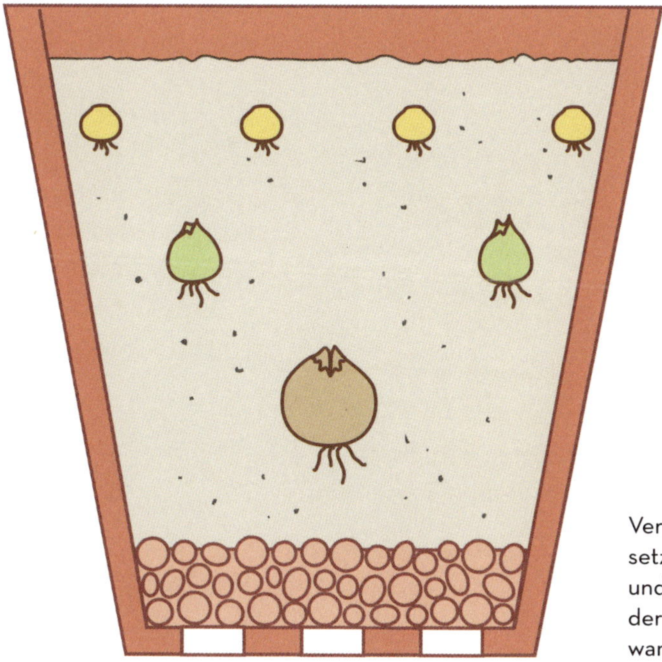

Versetzt zu den Krokussen eingesetzt, können Tulpen (ganz unten) und Blausternchen (Mitte) ungehindert nach oben austreiben, wenn es warm genug ist.

sowie jeweils zwölf Blausternchen und Krokusse. Damit sie im Winter nicht in nasser Erde gammeln, wird das Substrat mit Sand gemischt und Blähton als Drainage eingefüllt. In die folgende Erdschicht werden die Wildtulpen mit der Spitze nach oben gesetzt und mit Erde bedeckt. Gut andrücken! Als Nächstes folgen die Blausternchen: Setze die Zwiebeln versetzt, damit sie den austreibenden Tulpen später nicht im Weg sind. Bedecke auch sie mit Substrat und drücke sie an. Zuletzt kommen die Krokusknollen versetzt in die Erde. Gut andrücken und alles angießen. Ist noch Platz im Kübel, kannst du zuoberst Horn-Veilchen oder Heidekraut pflanzen. Alternativ die Erde mit Moos abdecken oder mulchen.

Stelle den bienenfreundlichen Frühlingsgruß zu Jahresbeginn möglichst sonnig auf. Nach der Blüte das Laub stehen lassen!

Blütenpracht in der dunklen Jahreszeit

Herbst und Winter sind nicht gerade als Blumenzeit bekannt. Dennoch gibt es einige Balkonbewohner, die in dieser Zeit erst so richtig aufblühen.

1

Den herbstlichen Blumenreigen leiten bei mir die Studentenblumen ein: Ab August verwandeln die Tagetes den Balkon in ein leuchtend orange-gelbes Blütenmeer. Wie Kapuzinerkresse, Ringelblume und Wucherblume überstehen sie vereinzelt sogar den Jahreswechsel, wenn es nicht heftig friert.

BLUMEN FÜR DEN SPÄTHERBST

Herbstblumen werden im späten Frühjahr gesät oder im August und September als vorgezogene Pflanzen gesetzt. Herbst-Aster, Purpur-Fetthenne, Stiefmütterchen und Horn-Veilchen ersetzen abgeblühte Sommerblumen und bringen Farbe in Kasten und Kübel. Mit ihrem Nektar und Pollen versorgen diese Spätblüher zudem Bienen, Hummeln und Schmetterlinge mit Nahrung.

INSEKTENFREUNDLICHE BLÜTEN

Eine üppige Blüte nützt nichts, wenn sie nur auf Schönheit hin gezüchtet wurde. Für einen insektenfreundlichen Balkon empfehle ich Sorten mit ungefüllten Blüten sowie heimische Wildpflanzen – im Freiland aufgewachsen, ohne Pestizide und in Bio-Qualität. Das gilt natürlich auch für Pflanzen, die im Winter noch für Farbtupfer sorgen. Gerade bei einem vermeintlich dauerblühenden Heidekraut ist mit Blick auf seine Bienenfreundlichkeit Skepsis angebracht: Bei Sorten mit einer langen Blütezeit bleiben die Knospen häufig einfach geschlossen, sodass die Insekten hungrig draußen bleiben müssen.

WINTERBLÜHER

Die Schnee- oder Winterheide *(Erica carnea)* ist ab November im Handel erhältlich. Die winzigen Glöckchenblüten sind in der Regel rosafarben oder weiß. In einem Kübel oder Balkonkasten mit durchlässiger Erde gepflanzt, kann das genügsame Heidekraut an einem sonnigen bis halbschattigen Standort die kalte Jahreszeit ohne Probleme überdauern. Allein das Substrat darf nicht komplett austrocknen. Gieße daher an frostfreien Tagen. Bei Bedarf im Frühjahr düngen. Die mehrjährige Staude nach der Blüte zurückschneiden, damit sie schön dicht wächst.

2

3

Nicht wegzudenken im Blumensortiment der Vorweihnachtszeit ist die Schneerose *(Helleborus niger)*, auch Christrose oder Nieswurz genannt. Frühblühende Sorten öffnen ihre sternenförmigen, schneeweißen oder rosafarbenen Blüten bereits ab Ende November. Spätere Vertreter, die Lenzrosen *(Helleborus orientalis)*, ziehen zu Beginn des Frühjahres mit einer beeindruckenden Farbpalette nach. Schneerosen wachsen im Freiland unter Gehölzen. Auf einem sonnigen bis halbschattigen Balkon kannst du sie einzeln in einen Topf oder eine Schale pflanzen oder sie mit Gräsern, buntlaubigen Purpurglöckchen und Schneeglöckchen kombinieren. Die mehrjährige Staude liebt kalkhaltige, leicht feuchte Erde. Damit diese nicht austrocknet, wird mit Laub oder Baumrinde gemulcht. Die empfindlichen Wurzeln sind in frostigen Nächten zu schützen. Stelle den Topf in einen mit Laub gefüllten Jutesack: Das isoliert und sieht obendrein dekorativ aus. Im Februar und im Juli mit organischem Dünger versorgen. Im Herbst leicht zurückschneiden, so sind auch die Blüten besser zu sehen.

1. Winterglück: Schneerosen in Blüte

2. Wichtige Bienenweide: Fetthenne

3. Lenzrosen blühen zum Jahresbeginn.

FRÜHE BLÜTE

Unter die Herbst- und Winterblumen kannst du die Zwiebeln von Frühlingsblühern in Kübel und Balkonkasten (siehe S. 88) pflanzen. Eine Aussaat von Kornblume *(Centaurea cyanus)*, Ringelblume *(Calendula officinalis)*, Goldmohn *(Eschscholzia californica)*, Jungfer im Grün *(Nigella damascena)* und Echte Kamille *(Matricaria chamomilla)* lohnt sich ebenfalls im September: Die Pflanzen blühen dann besonders zeitig im nächsten Jahr

Winterlicher Balkonschmuck

Immergrüne Pflanzen und Dekorationen aus Eis verbreiten an kalten Tagen eine winterliche Stimmung auf dem Balkon – nicht nur in der Weihnachtszeit.

Ab Spätherbst haben immergrüne Gewächse ihren großen Auftritt. Mit ihren bunten Blättern sorgen beispielsweise Purpurglöckchen *(Heuchera)* für Farbe auf dem Balkon. Eibe *(Taxus)*, Scheinbeere *(Gaultheria)* und Stechpalme *(Ilex)* wiederum bringen mit ihrem dunkelgrünen Laub und ihren roten Früchten weihnachtliche Stimmung. Frisches Tannengrün hat zudem einen praktischen Nutzen: Aufrecht in Kübel und Balkonkasten gesteckt, schützen die Zweige die Balkonbepflanzung vor eisigem Wind.

DEKORATIVES EIS

Die frostigen Temperaturen können wir nutzen, um stimmungsvolle Kunstwerke auf Zeit zu gestalten: Auf einem Backblech draußen ausgelegte Blätter und Blüten werden in gefrorenem Wasser zu Eisbildern. In Eiswürfel- und Backförmchen lassen sich Beeren und Zapfen in kristallene Anhänger bannen. Seifenblasen werden bei Frost zu filigranen Eiskugeln. Und für stimmungsvolles Licht an dunklen Tagen sorgen selbstgemachte Laternen und Windlichter aus Eis (siehe S. 87).

Weihnachtsschmuck für den Balkon: Stechpalmen- und Mistelzweige

EISLATERNEN SELBER MACHEN

Eislaternen und Eislichter sind eine stimmungsvolle Winterdeko. In frostigen Nächten kannst du sie einfach herstellen, indem du das Wasser draußen gefrieren lässt.

1.

Für eine Eislaterne brauchst du zwei Gefäße in unterschiedlichen Größen sowie Steine, Klebeband und Wasser. Wichtig: Die Gefäße müssen frostfest sein. Außerdem darf sich das größere nicht nach oben hin verjüngen, damit sich die Laterne später problemlos herauslösen lässt.

2.

Fülle das größere Gefäß etwa zu drei Vierteln mit Wasser. Setze das kleine Gefäß hinein, fixiere es mit Tape und beschwere es mit Steinen, damit es nicht auf der Oberfläche schwimmt. Auf den Boden sollte es ebenso nicht absinken, sonst hat die Eislaterne ein Loch. Fülle den eventuellen Raum zwischen den Gefäßen mit Wasser auf.

3.

Jetzt muss das Wasser gefrieren: Bei Frost die Form einfach auf dem Balkon stellen. Ansonsten kommt sie in das Gefrierfach oder die Kühltruhe, bis sie komplett durchgefroren ist – mindestens für eine Nacht. Die Eislaterne aus der Form nehmen. Bewegt sich nichts, mit lauwarmen Wasser vorsichtig anwärmen. In die Öffnung ein Teelicht stellen.

4.

Mein Tipp: Dekorative Blätter und Früchte von Ilex, Buchs, Thuja, Efeu und Hagebutten verwandeln Eislaternen in kleine Kunstwerke. Für bunte Eislichter kannst du das Wasser mit Lebensmittelfarbe einfärben.

Service

ZUM WEITERLESEN

Winter und Wetter
Deutscher Wetterdienst: *dwd.de*

Nitrat in Gemüse
- Bundesinstitut für Risikobewertung: *bfr.bund.de*
- Bayerisches Landesamt für Gesundheit und Lebensmittelsicherheit: *lgl.bayern.de*

Pflanzenerde
- BUND Einkaufsführer für torffreie Erde: *bund.net/torffrei*

Indoor-Gärtnern und Sprossen
- Bundesinstitut für Risikobewertung: *bfr.bund.de*
- Carolin Engwert: Indoor-Ernte. Es geht auch einfach. Kosmos

Balkongärtnern
- Balkongarten-Blog Kistengrün: *kistengruen.de*
- Melanie Öhlenbach: Mein Stadtbalkon. Kosmos
- Melanie Öhlenbach: Grüner geht's nicht. Nachhaltig gärtnern auf dem Balkon. Kosmos
- NABU: *nabu.de/balkon*

Wintergemüse im Garten
- Doris Kampas: Das sensationelle Winterhochbeet. Löwenzahn
- Heidi Lorey: Wintergemüse. Frisches Ernte in der kalten Jahreszeit. Ulmer
- Wolfgang Palme: Frisches Gemüse im Winter ernten. Löwenzahn

BEZUGSQUELLEN

Winterschutz
- Elho: *elho.com*
- Manufactum: *manufactum.de*
- Memolife: *memolife.de*
- Werdenfelser Schafwoll-Laden: *werdenfelser-schafwolle.de*

Indoor-Gärtnern, Sprossen und Microgreens
- Elho: *elho.com*
- Grow-Grow Nut: *growgrownut.com*
- Sonnentor: *sonnentor.com*

Bio-Saatgut
- Bingenheimer Saatgut: *bingenheimersaatgut.de*
- Culinaris: *culinaris-saatgut.de*
- Dreschflegel: *dreschflegel-saatgut.de*
- Reinsaat: *reinsaat.at*
- Samenfest: *samenfest.de*
- Sativa: *sativa.bio*

Alte und besondere Sorten
- Arche Noah: *arche-noah.at*
- Pro Specie Rara: *prospecierara.de*
- Rühlemann's: *kraeuter-und-duftpflanzen.de*
- VEN: *nutzpflanzenvielfalt.de*
- VERN: *vern.de*

Bio-Pflanzen
- Blu: *blu-blumen.de*
- Hof Jeebel: *biogartenversand.de*
- Übersicht Bio-Zierpflanzen: *bio-zierpflanzen.de*

REGISTER

BILDNACHWEIS

Mit 121 Farbfotos von

Elke Borkowski, Herten (1): 88; **Otmar Diez**, Sulzthal (1): Innenklappe vorne o.re.; **Flora Press** (25): /Daniela Behr: 82/83; 89 u.re.; /Otmar Diez: 15 (Nr. 5), 67 li.; /A.F. Endress: 18 o.; /Garten Fräulein: 80 Mi.; /goldherzkolibri: 81 (alle 3); /Ute Klaphake: 63 u.re., 65 o.; /Meyer-Rebentisch: 39 (beide), 47 Mi., 51 Mi. re., 79 (alle 3); /Antje Michaelis-Haeg: 96; /Royal Horticultural Society: 20 li.; /Jane Sebire: 55 Mi.re.; /Georgie Steeds: 78 li.; /Teubner Foodfoto: 35 re., 53 u.; /Visions: 87 li.; **GAP Photos** (20): 16 re., 20 re., 77 u.li.; /Maxine Adcock: 21, 45 re.; /Dave Bevan: 65 u.; /Jonathan Buckley: 31 li., 56, 57 o.; /Keith Burdett: 13 li., 30 u., 55 o.re.; /Sarah Cuttle: 55 o.li.; /Paul Debois: 18 u.; /Martin Hughes-Jones: 13 u.re., 31 re., 67 re.; /Zara Napier: 45 li.; /Gary Smith: 37 li., 53 Mi.; **Melanie Öhlenbach**, Bremen (26): 7 o.li., 7 o.re., 8, 15 (Nr. 1–4), 29 o., 37 re., 41 u., 42 u., 47 o., 49 Mi., 51 o., 70 (beide), 75 o., 77 o., 80 u., 89 o.li., 89 o.re., 89 u.li., Innenklappe vorne u.re., Innenklappe hinten (alle 3); **Reinhard-Tierfoto/Hans Reinhard** (1): 71 re.; **Jörg Sarbach** (1): Außenklappe hinten; **Shutterstock** (10): /AC Manley: 75 u.re.; /Avoferten: Innenklappe vorne u.li.; /Daydream Photographie: 87 o.re.; /frosya63: 71 li.; /jreika: 57 u.re.; /Martina Unbehauen: 63 o.; /Nungning20: 78 re.; /Sunbunny Studio: 69 Mi.; /theapflueger: 47 u.; /Vanatchanan: Innenklappe vorne o. li.; **Selbst ist der Mann** (4): 11 (alle 4); **Friedrich Strauss Gartenbildagentur** (7): /Strauss, Friedrich: 29 Mi., 33 u.re., 35 li., 72/73, 75 u.li.; / Sporrer, Brigitte: 87 Mi.re.; / VisionsPictures: 53 o.; **Annette Timmermann**, Kalübbe (25): Außenklappe vorne, Innenklappe vorne u.Mi., 2/3, 4/5, 7 u., 9, 10, 12, 13 o., 14, 16 li., 22/23, 30 Mi., 33 o., 33 Mi., 41 o., 42 Mi., 43 (beide), 49 o., 51 Mi. li., 58/59, 69 o., 77 u.re., 84.

Mit 9 Zeichnungen von

Shutterstock/FunAndCake: Innenklappe hinten; **Claudia Schick**, Neumarkt. alle übrigen.

IMPRESSUM

Umschlaggestaltung von Gramisci Editorialdesign/Claudia Geffert unter Verwendung von 2 Farbfotos von Annette Timmermann, Kalübbe

Mit 121 Farbfotos und 9 Zeichnungen.

Die Blütenfarben sind sortenabhängig, daher können auch Farben auf dem Markt sein, die im Buch nicht genannt werden. Die Blütezeiten sind ebenfalls sortenabhängig, aber auch klima- und standortabhängig. Die angegebenen Wuchshöhen und -breiten der Pflanzen sind Mittelwerte. Sie können je nach Nährstoffgehalt des Bodens variieren. Verschiedene Sorten können deutlich größer oder auch kleiner wachsen als die Art.

MIX
Papier aus verantwortungsvollen Quellen
FSC www.fsc.org
FSC® C110508

Gedruckt auf chlorfrei gebleichtem Papier

ISBN 978-3-440-17298-8
Projektleitung: Carolin Küßner
Redaktion und Bildredaktion: Carolin Küßner
Gestaltungskonzept: GRAMISCI Editorialdesign, München
Gestaltung und Satz: Katrin Kleinschrot, Stuttgart
Produktion: Klaus Jost
Druck und Bindung: Westermann Druck Zwickau GmbH, Zwickau
Printed in Germany / Imprimé en Allemagne

Videos
—— mit Melanie Öhlenbach

ca. € (D) 15,00

Auf dem Balkon können Stadtgärtnerinnen und Stadtgärtner nicht nur im Frühling und Sommer säen und ernten. Bei entsprechender Witterung gedeihen auch im Spätherbst und im Winter noch Salate, Kohl und Radieschen. Balkon-Gärtnerin, Bloggerin und KOSMOS-Autorin Melanie Öhlenbach gibt in ihrem Video (1:27 h) Tipps für die Winterernte und macht Mut, den grünen Daumen auch zur ungewohnten Gartenzeit auszuprobieren:

- Voraussetzungen für den grünen Winterbalkon
- Kräuter und Gemüse für die Winterernte
- Balkon-Garten-Pflege in der kühlen Jahreszeit
- Balkon-Garten winterfest machen

ca. € (D) 15,00

Kisten eignen sich hervorragend, um auf kleinem Raum Gemüse, Kräuter, Blumen und sogar Obst anzubauen. Kinder können in ihrem eigenen Mini-Garten erste Erfahrungen sammeln. Die KOSMOS-Autorin und Gartenbloggerin Melanie Öhlenbach nutzt seit vielen Jahren diese Gefäße auf dem Balkon für ihr „Kistengrün". In ihrem Video (1:26 h) erklärt sie, wie vielseitig ein Kistengarten sein kann und worauf es bei dieser Gartenform ankommt:

- Selbst gemacht: Material und Zubehör
- Ab in die Kiste: Kisten richtig befüllen und bepflanzen Schritt für Schritt
- Kistengrün: Pflanzenauswahl für den Kistengarten
- Schön bunt: Mischkulturen anlegen
- Ein ganzes Jahr ernten: Tipps zur Fruchtfolge im Kistengarten

Gärtnern auf dem Balkon —— nachhaltig & plastikfrei

128 Seiten, ca. €(D) 18,00

MIT KOSMOS MEHR ENTDECKEN
— Mit praktischen **DIY-** Anleitungen
SEIT 1822

Gärtnern auf Balkon und Terrasse macht unsere Städte immer lebenswerter. Aber wie schafft man es, den Balkon umweltfreundlich ergrünen zu lassen? Melanie Öhlenbach zeigt, wie man in Töpfen und Kisten nachhaltig gärtnert: mit plastikfreier Ausrüstung, ressourcenschonenden Substraten, insektenfreundlichen Blumen, Ziergehölzen und Kräutern und köstlichem Mini-Obst. Mit ihren praktischen Lösungen und kreativen DIY-Ideen gelingen auch Anfängern ökologisch wertvolle Oasen für Mensch und Tier.

kosmos.de